★★★ 中等职业学校学生综合素质教育系列教材

主　　编　贾玉玲
副主编　许秀芹
参编人员（按姓氏音序排序）
郭　红　时秀清　王冬花　王　华

兰州大学出版社

HULI LIYI YU RENJIGOUTONG

护理礼仪与人际沟通

zhongdeng zhiyejiaoyu

图书在版编目(CIP)数据

护理礼仪与人际沟通 / 贾玉玲主编. —兰州:兰州大学出版社,2012.7

中等职业学校学生综合素质教育系列教材

ISBN 978-7-311-03943-1

Ⅰ.①护… Ⅱ.①贾… Ⅲ.①护理—礼仪—中等专业学校—教材②护理学—人际关系学—中等专业学校—教材 Ⅳ.①R47

中国版本图书馆 CIP 数据核字(2012)第 176063 号

责任编辑 钟 静
封面设计 张友乾

书 名 护理礼仪与人际沟通
主 编 贾玉玲
出版发行 兰州大学出版社 (地址:兰州市天水南路 222 号 730000)
电 话 0931-8912613(总编办公室) 0931-8617156(营销中心)
0931-8914298(读者服务部)
网 址 http://www.onbook.com.cn
电子信箱 press@lzu.edu.cn
印 刷 兰州瑞昌印务有限责任公司
开 本 787 mm×1092 mm 1/16
印 张 13.25
字 数 224 千
版 次 2012 年 8 月第 1 版
印 次 2012 年 8 月第 1 次印刷
书 号 ISBN 978-7-311-03943-1
定 价 23.80 元

前　言

随着医学和科学的发展，护理模式已从“以疾病为中心”向“以病人为中心”转变。人们对护士角色的期待越来越高，护理人员的言谈举止、形象以及护理人际的互动关系都会直接或间接地影响到护理效果，这从而也对护理专业学生的培养提出了新的智能结构要求。所以，既具有专业知识和专业技能，又具有良好的人文修养以及人际沟通能力，也就成为培养护理专业学生的必然要求。

鉴于护理职业教育的特定需要，根据中职专科学校学生的特点和国家对素质教育的要求，本书在的编写过程中，注意到了人文学科理论与护理理论的有机结合，理论联系实际，强化诊疗护理康复情况下的礼仪与人际沟通，力图使教材内容体现科学性、系统性、先进性、实用性及“以病人为中心”的医学观。

本书分为护理礼仪、人际沟通上下2篇，共12个单元。主要介绍了护理礼仪与护理人际关系的有关知识，同时考虑到中职学生涉世面窄、礼仪与人际沟通知识不足的特点，在各章节中也有普通礼仪、人际关系常识及沟通技巧等知识的介绍。其目的是帮助学生构建一座通往事业成功的“桥梁”。

在内容编排上，每章前的绪论，概括介绍了本章内容，以便教师和学生更好地把握；每章后都有习题，便于学生复习。鉴于礼仪和人际沟通具有很强的实践性，本书特意编写了礼仪与人际沟通应用的实践指导，创设护理情景，便于学生进行探究式的学习与体验，提高学生分析问题和解决问题的能力。

本教材可以作为中职护理专业教材，也可以作为在职护理人员培训教材，对提高护理人员职业礼仪素质和沟通能力具有指导作用。本教材的编写有以下特点：一是普遍性与特殊性相结合。教材在一般的社交礼仪与人际沟通的理论基础上，完善和拓展了护理礼仪及护理人际沟通,体现护理职业的特殊性。二是实践性和操作性相结合。教材体现"以学生为主体"的素质教育理念,突出专业礼仪、人际沟通和职业修养的特点,增加相关的实践力度,每章内容后的实践指导,加强课堂的互动性,让学生在课堂上"动"起来,主动参与课堂教学,营造师生互动的课堂氛围,增强学生的实践能力,学以致用。三是文字与视图相结合。教材中增加了大量的图片及知识链接,增强了可视性,便于教师讲授和学生学习。此外,书后的附录内容翔实,为学生毕业后的竞争上岗做好基本的铺垫。

书中参考了大量礼仪书籍及电子刊物等相关资料。由于编写时间紧张,水平有限,难免存在不足和需要改进之处,恳请专家、同行以及广大师生、读者批评、指正。

编者

2012年6月

目录

上篇　护理礼仪

下篇　人际沟通

上　篇

护理礼仪

第一章 绪论

礼仪是一种行为规范，是对生活和工作中的礼貌、礼节及仪态的规范性要求。讲究礼仪是社会生活和谐有序、社会文明发展进步的客观需要。作为现代医护人员，护理礼仪知识是上岗前的必备条件。因此，每一个护理专业的学生都应该认真学习和掌握护理礼仪知识，并以此来充实自己、完善自己，从而实现自己的人生价值。

第一节 礼仪概述

礼仪是由社会发展形成的约定俗成的交往规范，是社会生活中人们共同遵守的健康礼节和仪式，是文明社会人们彼此交往的基本修养。礼仪不仅可以约束人们的行为，更是一个人教养、风度、魅力的综合体现。礼仪也是一种潜在的资本，是一个人顺利步入社会的钥匙，更是一个人适应社会、建立良好人际关系、获得事业成功的重要条件。

一、礼仪的基本概念

(一)礼仪的含义

礼仪具有丰富的内涵，尽管其含义随着社会的发展越来越宽泛，表达形式多样，但含义的核心是统一的，即礼仪是在人际交往过程中形成并得到共同认可的行为规范、交往程序和准则，是通过尊重、敬意、友好、关心等进行沟通与交流、增进了解、表达心意的一种形式。

(二)礼仪的基本概念

1.礼貌

是指人们在交往过程中相互表示敬意和友好的行为准则和精神风貌,是一个人在待人接物时的外在表现。它通过仪表及言谈举止来表达对交往对象的尊重。它反映了时代的风尚与道德水准,体现了人们的文化层次和文明程度。

2.礼节

是指人们在日常生活中,特别是在交际场合中,相互表示问候、致意、祝愿、慰问以及给予必要的协助与照料的惯用形式。礼节是礼貌的具体表现,具有形式化的特点,主要指日常生活中的个体礼貌行为。

3.仪表

是指一个人的外表,主要包括一个人的容貌、姿态、服饰以及个人卫生等方面。它在一定意义上反映出一个人的修养、性格等特征,是一个人内在素质的外在表现。

4.仪式

指在一定场合,为表示尊重、敬意、友好而举行的具有专门化行为规范的活动,如颁奖仪式、签字仪式等。

5.护理礼仪

属于职业礼仪范畴,是护理人员在医疗护理和健康服务过程中形成的、被大家公认和自觉遵守的行为规范和准则。它既是护理工作者内在修养和素质的外在表现,也是护理人员职业道德的具体表现。

“礼”的本意为敬神,后引申为表示敬意的通称。“礼”的含义比较丰富,它既可以指表示敬意和隆重而举行的仪式,也可泛指社会交往中的礼貌礼节,是人们在长期的生活实践中约定俗成、共同认可的行为规范。还特指奴隶社会、封建社会等级森严的社会规范和道德规范。

在《中国礼仪大辞典》中,“礼”定义为特定的民族、人群或国家基于客观历史传统而形成的价值观念、道德规范以及与之相适应的典章制度和行为方式。“礼”的本质是“诚”,有敬重、友好、谦恭、关心、体贴之意。“礼”是人际乃至国际交往中,相互表示尊重、亲善和友好的行为。

二、礼仪的特点和作用

(一)礼仪的特点

礼仪是一门社会交际的学问,它具有以下几个方面的特点。

1.共同性

人们追求真善美的愿望是一致的,礼仪是社会各阶层人士所共同遵守的准则与行为规范。每个人都要依礼办事,全人类不管哪个国家、哪个民族都以讲礼仪为荣。如礼尚往来、礼貌待客、文质彬彬、举止得体都是符合大多数人的价值取向的文明标志。

2.差异性

由于地域不同、民族不同、文化背景不同,就形成了礼仪表现形式上的差异性。如有一种手势,大拇指和食指环成圆圈,其余手指伸展,意思是"OK",这种手势在美国表示"赞同"、"了不起",但是在巴西则是指责别人行为不端。

3.继承性

礼仪规范将人们交际活动中约定俗成的程式固定下来,这种固化程式随着时间的推移沿袭下来,形成了礼仪交往中继承性特点。人们对传承下来的礼仪规范应采取汲取精华、去其糟粕、古为今用的态度。如在重大活动中,座次以北为上、以右为尊的规则,就是继承了传统礼仪,并传承下去,发扬光大,也在付诸行动。

4.发展性

礼仪规范不是一成不变的,它随着时代的发展、科学技术的进步,在传统的基础上不断地推陈出新,体现着时代的要求与时代的精神。如节假日给亲朋好友打个电话、发个短信或送去鲜花,表示祝贺与问候,这些都反映了礼仪发展性的特点。

5.针对性

礼仪是用于需要以礼相待的特定的交际场合的仪式、礼节。在特定范围、特定场合,礼仪会行之有效,发挥很好的作用。如"欢迎光临"这些礼貌得体的语言,如果在商场、酒店使用,会使服务对象倍感温馨;如果在医院,就不合适了。

6.实践性

礼仪是来源于社会实践,而又必须在实践中反复演练,服务于社会实践的一门学科。它的操作实践性很强,只有把礼仪学的理论应用于实践,才能不断地检验和提高自身的礼仪素质,达到学礼贵在应用的目的。

(二)礼仪的作用

概括地说,礼仪是表示人们不同地位的相互关系和调整、处理人们相互关系的手段。其作用主要表现在以下几个方面。

1.尊重作用

尊重的作用即向对方表示尊敬、敬意,同时对方也还之以礼。礼尚往来,有礼仪的交往行为,蕴含着彼此的尊敬。

2.约束作用

礼仪作为行为规范,一经制定和推行,便形成社会的习俗和社会行为规范。任何一个生活在某种礼仪习俗和规范环境中的人,都自觉或不自觉地受到该礼仪的约束。自觉接受礼仪约束的人是"成熟的人"的标志,不接受礼仪约束的人,社会会以道德和舆论的手段来对他加以约束,以法律的手段来强迫其遵守礼仪。

3.教育作用

礼仪蕴含着丰富的文化内涵,是一种高尚、美好的行为方式,它潜移默化地净化人的心灵、陶冶人的情操、提高人的品位、完善人的性格。礼仪通过评价、示范、劝阻等方式纠正人们的不良习惯,倡导人们按照礼仪要求,协调人际关系,营造文明、健康的社会氛围。

4.协调作用

礼仪是人们交际活动中的润滑剂,它对营造团结友爱、平等互助的新型人际关系起着重要的作用。运用礼仪,可以帮助人们规范交际行为、化解矛盾、增进彼此间的理解和信任,有利于人们联络感情,协调人际关系。

三、礼仪的基本原则

(一)遵守的原则

在交际应酬中,任何人,不论身份高低、职位大小、财富多少,都必须自觉、自愿地遵守礼仪,用礼仪去规范自己在交往活动中的言谈举止。遵守的原则,更是人格素质的基本体现。只有遵守礼仪规范,才能赢得他人的尊重,确保交际活动达到预期的目标。

(二)敬人的原则

即人们在社会交往中,要常存敬人之心,处处不可失敬于人,不可伤害他人的个人尊严,更不能侮辱对方的人格。敬人就是尊敬他人,包括尊敬自己,维护个人乃至组织的形象,不可损人利己,这也是人的品格问题。

(三)自律的原则

这是礼仪的基础和出发点。学习、应用礼仪,最重要的就是要自我要求、自我约束、自我控制、自我反省、自我检查。树立一种道德信念,自觉按照礼仪规范严格要求自己,不断提高自我约束、自我克制能力。

(四)宽容的原则

人们在交际活动中运用礼仪时,既要严于律己,更要宽以待人,多容忍、多体谅、多理解他人,要豁达大度、有气量、不计较、不追究。具体表现为一种胸襟,一种容纳意识和自控能力。这样才能减少交往矛盾,化解人际冲突。

(五)适度的原则

应用礼仪时要注意把握分寸,认真得体。适度就是把握分寸。礼仪是一种程序规定,而程序自身就是一种"度"。无论是表示尊敬还是热情都有一个"度"的问题,要做到感情适度、谈吐适度、举止适度。没有"度",施礼就可能进入误区。

(六)真诚的原则

运用礼仪时,务必诚信无欺、言行一致、表里如一。真诚就是在交际过程中做到诚实守信、不虚伪、不做作。只有真诚,才能更好地与交往对象之间传递信息、交流情感、沟通思想。如果缺乏真诚,是得不到别人的尊重和信任的,更谈不上交际效果。

(七)从俗的原则

由于国情、民族、文化背景的不同,必须坚持入乡随俗,与绝大多数人的习惯做法保持一致,切勿目中无人、自以为是。从俗就是指交往各方都应尊重相互之间的风俗习惯,了解并尊重各自的禁忌,否则,就会在交际中引起障碍和麻烦。

(八)平等的原则

平等是礼仪的核心,即尊重交往对象,以礼相待,对任何交往对象都必须一视同仁,给予同等程度的礼遇。礼仪是在平等的基础上形成的,是一种平等的、彼此之间的相互对待关系的体现,其核心问题是尊重以及满足相互之间获得尊重的需求。

四、中西方礼仪的差异

(一)中国礼仪

1.敬老爱幼,亲情至上

中国的人际关系中重视血缘和亲情,保持着"血浓于水"的传统观念。

2.谦虚含蓄,善于自制

中国人视谦虚为美德,性格多宽厚平和、含蓄内向、忍耐力强,与人相处时谨慎行事,不喜欢张扬,善于控制自己的感情,"动于心,发于情,止于礼"。

3.注重人情,礼尚往来

在交往中,如果接受了别人的礼物或宴请而不回赠,被认为是很不礼貌的。通过互赠礼物,可以加强联系,表达感情。因此,人情饭、人情礼在中国随处可见。

(二)西方礼仪

1.崇尚个性,自由至上

与中国家庭相比,西方家庭成员之间更加注重人格上的平等,家长和孩子的关系更随意一些,孩子可以直呼父母的姓名,在家里每个人都享有不受别人干涉的权利和自由,如果有人未经允许推门进入或没有事先约定就造访,都被看做是不懂礼貌的行为。甚至在未经允许的情况下搀扶老人或残疾人,也有可能被当做是失礼。

2.男女平等,女士优先

西方的女性享有和男性平等的地位,在经济上有自己的独立地位。在社会交往活动中,女性备受关心、帮助和保护,女性拥有种种特权。例如女士与男士同上电梯,不管是否认识,男士都要让女士先行;乘坐小汽车时,男士上前几步,为女士打开车门。

3.简易务实,不重客套

西方人办事讲究效率,讲求效益,不注重人情关系,在交往活动中喜欢直率坦诚,不喜欢过分的谦虚、客套。

第二节　护理礼仪与修养

护理礼仪是研究护理工作中交往艺术的学问,是护理专业的行为规范,其作用是用以指导和协调护理行为过程。要塑造良好护士形象,使护士成为美的载体,除了具备一定的知识外,还必须具备良好的礼仪修养。

一、护理礼仪的重要性

护理礼仪是护理人员在为护理对象提供护理服务时,为了塑造个人乃至群体的良好形象所应严格遵循的一系列行为规范和准则。护理礼仪在护理实践中十分重要。其重要性主要体现在以下几个方面:

(一)有助于塑造护理人员良好的形象

护理人员要拥有良好形象,就要用礼仪的标准来规范自己的言行、举止。护理礼仪不仅是职业行为,更具有丰富的文化内涵,反映护理人员职业“以人为本”的原则,体现出对他人的尊重与友好。

(二)有助于护理人员完美人格的塑造

在人际交往活动中,文化素养较高的人,备受人们尊敬。广泛摄取各种知识、不断充实自己,是人际交往的要求,更是护理人员的职业需求。每一位护理人员都应注重礼仪,自觉维护“白衣天使”的形象,体现自己的人格魅力。

(三)有助于护理人员提高道德修养

护理工作比医生的工作更为广泛,治疗、观察、照顾的工作大部分是护理人员直接实施或在医生的参与下完成的,护理人员对患者的情况最了解、最熟悉,对患者的影响最广泛、最持久。因此,护理人员不仅要熟练掌握护理技术,更要重视自己的礼仪道德修养,树立良好的职业形象。

(四)有助于协调改善人际关系

现代礼仪要求护理人员要具有良好的素质,积极健康的心态,有爱心、耐心、信心、责任心,这些在人际交往中能起到沟通协调作用。

(五)有助于满足患者的心理需求

护理人员在患者刚进入医院时,要投以真诚的微笑,并亲切地作自我介绍,消除患者因环境陌生而产生的不安情绪,要及时询问病情、耐心解答问题,细致地讲解一些有关疾病的注意事项,这会给患者及家属带来极大的心理安慰。所以护理人员端庄的仪表、得体的举止、和蔼可亲的态度、恰当的言谈等良好的礼仪行为可达到医药所不能达到的效果。

(六)有助于适应医学模式的转变

随着医学模式由“生物医学”向“生物—心理—社会医学”模式的转变,护理模式也随之由“以疾病为中心”的旧模式向“以病人为中心”的整体护理新模式的转变,现代护理观对护理人员的素质、知识、能力提出了更高的要求。

二、护理礼仪修养的培养

在护理工作中,护理工作人员的整体素质包括思想素质、业务素质、心理素质和技能素质等方面,这些是保证护理工作在高标准、高质量、高要求下完成的必要条件。因此,加强护理人员礼仪修养的培养,已经成为提高护士全面素质的一个重要方面。护理礼仪修养的培养,应从以下几个方面着手。

(一)崇尚道德,夯实护理礼仪修养的基础

礼仪修养与道德修养密不可分,有德才有礼,修礼先修德。护理人员应该以“全心全意为人民健康服务”作为根本宗旨,不断加强道德修养。良好的道德修养是护理人员协调人际关系、改善服务态度、塑造良好护士形象的前提,更是护士礼仪修养的基础。因此,护理人员应经常反省自己的言行是否符合道德规范,从身边的小事做起,认认真真、持之以恒地进行礼仪的培养和训练。

(二)内外兼修,努力提高自身文化素养

知识和修养能给人聪明的才智和崇高的情操,可以极大地弥补外在的缺陷,从而使人具有脱俗的气质和优雅的风度。如果只注重礼貌语言、礼仪动作及仪表修饰方面的培养训练,而舍弃了内在修养的提高,虽然有美丽的外表,也难以维持长久的魅力。

(三)自我监督,加强护理礼仪的训练和实践

护理礼仪的养成,应该进行自我监督,对自己既要提出新的要求,又要检验自己的利益行为是否符合礼仪要求,“吾日三省吾身”,并不断根据礼仪规范加以修正。护理人员只有在护理实践中,自然得体地运用礼仪原则,才能完善自身的护理礼仪品质,成为受人尊敬的“白衣天使”。

【复习思考题】

1.解释概念:礼貌、礼节、仪表、仪式、人际沟通。

2.简述礼仪与人际沟通的特点、作用。

3.叙述礼仪的基本原则。

4.说出中西方礼仪的差异。

5.你认为礼仪对护士职业具有什么样的重要作用?

6.你认为应该怎样培养良好的护士职业形象?

第二章 护士的仪容仪表

仪容,通常是指人的外貌或容貌。在仪表礼仪中,仪容占有十分重要的位置。古人说“慧于中而秀于外”,就是反映一个涵养好、文化高的人,要注重自身仪容的修饰。护士仪容是传递给病人感官最直接、最生动的第一信息,影响着病人对护士乃至医院的整体评价,在一定程度上带有社会化、宽泛化、职业化的内涵。

第一节 头面仪容

头面仪容是个人仪容的焦点,无论是护理工作者还是其他行业的职员,在人际交往中,头面仪容对展示个人整体形象至关重要,因此有“完美形象,从头开始”的说法。

一、头面礼仪

发为体之冠,应注意头发的日常清洁与养护、发型的选择以及各种发饰装束等各种规范要求。

(一)头发的日常护理

首先,必须保持头发清洁、整洁。勤梳头,可以有效地促进头部皮肤的血液循环,为头发提供最基本的营养;还能及时清除污垢,防止因污垢造成的发质受损。

其次,应注意合理膳食。日常饮食应注意营养健康,多补充富含维生素、微量元素、蛋白质等有益于头发健康的营养食物,如海带、紫菜、黑芝麻、核桃仁、新鲜蔬菜、豆类、鲜奶、鱼类等。

(二)发型的选择

发型能够集中反映出一个人的精神面貌、卫生习惯、审美情趣、职业身份、文化修养以及对待生活的态度。选择发型时应与自身的脸形、体形、年龄、职业、服饰等相协调,要和谐统一,呈现整体美。

1.发型与脸形相协调

发型对容貌的修饰作用极强,甚至可以让人的容貌有所改变。因此,应根据自己的脸形特点选择合适的发型,以弥补头形、脸形方面的不足,使面部其他美丽的部位更为突出,达到避短扬长的目的。

2.发型与体形相协调

发型是体形的重要组成部分,对体形具有特殊的调节作用,可用于弥补形体方面的不足。例如:体形瘦高者,适宜留长发,特别是波浪式的卷发,而不宜高盘发髻或将头发剪得过短、过薄,否则显得头重脚轻;体形娇小者,发型应秀气精致,不可过于蓬松,否则会使头部与整个身体的比例严重失调,给人以头大身小的感觉,也可借助盘发造成身材增高的视觉效果。

3.发型与年龄、职业相协调

不同年龄、职业、气质的人,在选择发型时有不同的要求。中老年人为了体现年长者稳重典雅、温婉可亲、精力充沛的身份特点,宜选择端庄大方、线条柔顺、轮廓饱满的短发或低盘发,不宜太过复杂或留披肩长发。

青少年学生的发型应给人以自然、清新、轻便的感觉,不宜披长发或发式过于复杂。女生自然束发或短发齐耳;男生以板寸、平头、分头为宜。职业女性常给人以充满活力、持重干练、秀美成熟的印象,适宜选择清爽、干练的短发或典雅、亲切的低盘发。

4.发型与服饰相协调

设计发型时,应当注意发型要随容妆、服饰变化而变化,使发型与其相互辉映、相得益彰。穿着运动装时,可将头发束起,显得活泼潇洒、富有朝气;穿着礼服时,可高盘发髻或卷发披肩,显得高贵优雅;穿着职业装时,可绾成低发髻或选择短发,给人以端庄秀雅的感觉。

总之,发型的选择不是对时尚潮流的随意模仿,更不能盲目追求个性另类,或过于张扬、标新立异。应根据上述因素选择适合自己的发型,体现气质美、内涵美,以达到整体和谐的最佳效果。

二、面部仪容

保持整洁、干净是面部仪容最基本的礼仪要求,它体现出对交往对象的尊重。要养成良好的卫生习惯,使面部清爽,无任何不洁之物。具体要求有以下几点。

(一)眼部

人际交往中非常重视眼神的交流,眼睛自然就成了面容修饰时首要的部位。在修饰眼部时应做到:

1.注意卫生

要注意眼部卫生,及时清除分泌物。若患有眼部传染病,在取得他人谅解后,需自觉回避社交场合。

2.适度修饰

若对自己的眉形不满意,可通过修眉、画眉进行修饰,但不提倡文眉、绣眉,更不允许为了标新立异剃去所有的眉毛。

3.合理戴眼镜

佩戴眼镜时,应安全、舒适、美观,保持清洁。按照社交礼仪要求,在工作或社交场合时,不宜佩戴太阳镜,否则会使人产生距离感,影响正常交往。

(二)耳部

耳部的修饰容易被忽略,应经常清洗耳朵及耳后皮肤,还要定期清除耳垢;耳毛长出耳朵外面时要及时修剪,以免影响美观。在公共场合不要随意掏耳朵,以免失敬于人。

(三)鼻部

在社交场合中,应保持鼻腔清洁,不让异物堵塞鼻孔。在工作或应酬时,鼻毛外露极不雅观,要经常检查、及时修剪;避免出现当众擤鼻涕、吸鼻子或挖鼻孔等不雅动作。

(四)口部

社交礼仪要求,口部应做到“三无”,即无异物、无异味、无异响。

1.无异物

每日刷牙、饭后漱口,及时清除口腔异物,确保口齿洁净。

2.无异味

上班或社交前,应忌食葱、蒜、韭菜、腐乳等气味刺鼻的食物。如有接触,应及时刷牙、漱口或咀嚼茶叶、口香糖等祛除异味,不可任其存留。

3.无异响

在社交场合,除谈笑声外,应避免人体所发出的各种不雅之声,如哈欠、清嗓、喷嚏、咳嗽、打嗝、吐痰、吸鼻等。

此外,若无特殊宗教信仰、文化背景和民族习惯,原则上男士不准蓄留胡须。

三、面部化妆

化妆是指按照一定的方法、技巧,用化妆品对自己或他人进行仪容修饰的一种方法。适当、得体的化妆,在人际交往中非常必要,这既是自尊的表现,更是对他人无言的尊敬。它并不仅仅是女士的专利,男士也有必要进行适当的化妆。化妆能够丰富生活、陶冶情操、提升自信、益于交往,但必须掌握原则,注意禁忌。

(一)化妆的原则

1.美观靓丽

化妆旨在遮盖或修补面容的缺陷,使其产生色彩感、立体感,突出个体自身的面部优势,使之更加靓丽。化妆时,只有因人而异、修饰得当、矫正适度,才能真正达到避短藏拙、清雅秀丽的效果,切勿任意发挥、寻求新奇。同时,合理使用化妆品,还可以保护皮肤,延缓衰老。

2.自然真实

"清水出芙蓉,天然去雕饰"是化妆的最高境界,在讲求美化生动的同时,更要求自然真实、浑然天成,仿若天生丽质,不留下人工美化的痕迹。

3.适宜得体

首先,妆面要协调,不可过分突出某一部分,也不能不顾自身特点,一味追求面面俱到,或模仿他人;其次,应注意色彩的整体协调,如口红与指甲油最好选择同一色系。此外,化妆还应与身份、场合、服装等相适应。如在工作中、面试时宜化淡妆;社交场合妆容可稍浓;舞台装、新娘妆因其身份、场地、灯光等的特殊性,较前两者略为浓艳。白天化妆宜淡,晚上化妆可稍浓。

4.整体协调

化妆不仅仅强调外在美的效果,更注重内在心灵美对自身形象的重要作用。每个人都应当在注重外在形象的同时,努力提高个人的文化素养、礼仪修养、内在涵养,做一个秀外慧中、受人欢迎的人。

(二)化妆的禁忌

1.避免当众化妆

化妆应事先完成或在专用的化妆间进行。当众化妆会令自身形象失色,且有卖弄及“以色事人”之嫌。尤其是在工作岗位上或在异性面前,更应禁忌。

2.避免技法错误

必须熟练掌握化妆方法和技巧,一旦错误会起到相反的效果。另外,在进行面部化妆的同时,要兼顾颈部,避免二者出现明显的色差。

3.避免浓艳怪异

将自己的妆容化得过于浓艳或离奇出众,会显得过于招摇,而有低俗之嫌。

4.避免妆面残缺

如因出汗、用餐、休息等出现妆面残缺时,应及时避人补妆,不可置之不理,以防出现尴尬局面。

(三)化妆的技巧

护士通常应淡妆上岗,要求妆容端庄、简约、清丽、素雅(见图 2–1–1)。端庄是指化妆要符合年龄、身份,妆容规范典雅;简约是指要做到简洁明快、方便实用;清丽是指妆面清新自然,能突显出气质和风采;素雅是指化妆时色彩适宜,不可过于浓艳。护士工作妆的化妆技巧可以分为整体化妆法和快速化妆法两种。

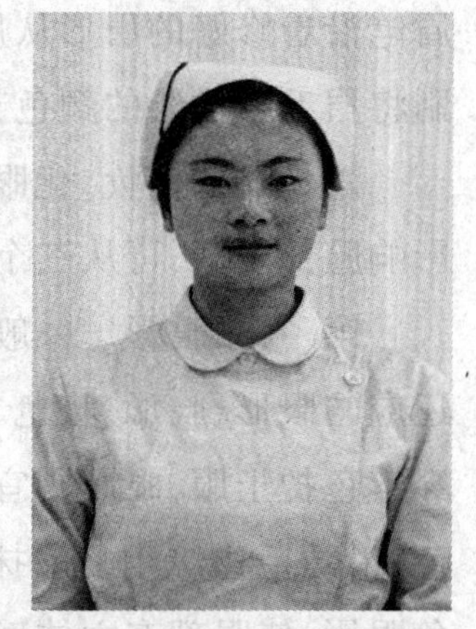
图 2–1–1

1.整体化妆法

(1)妆前准备。化妆前要准备好适合自己肤质,并与身份、气质、着装相匹配的化妆品,如洗面奶、润肤霜、粉底、眉笔、眼影、睫毛液、腮红和唇膏等。

(2)化妆步骤。

一是修眉。利用修眉工具顺着眉毛生长的方向修除多余的毛发,使眉线整齐清晰、优美流畅,为画眉做好准备。标准眉毛分为眉头、眉峰和眉尾。眉头应在鼻翼或内眼角的垂直延长线上,眉峰在眼珠正视前方时外缘向上的垂直延长线上,眉尾在鼻翼与外眼角的连线与眉相交处,眉头和眉尾基本在同一水平线上。

二是洁面。用有效的清洁用品彻底清洁皮肤后,将能够改善并保护皮肤的化妆水或润肤霜均匀地弹拍于整个面部及颈部,为皮肤补充水分、增加营养,同时增强皮肤与化妆品的亲和性,不易脱妆。

三是涂粉底。粉底能够遮盖瑕疵、调和肤色、改善皮肤质地,使面部皮肤显得光洁和细腻。应根据妆型、皮肤性质、肤色等选择粉底霜、粉底液或粉饼。如淡妆宜选择乳液状粉底,更为自然;浓妆则选择膏状粉底,增强立体效果。油性皮肤宜用粉底液或粉饼,干性皮肤更适合粉底霜。黑肤色宜用颜色略深的深棕色粉底等。施粉底时不宜过厚,可以用印按、拍按或点压等轻柔的手法,由上至下,将其均匀地涂抹在整个面部、耳后及颈部,各部位要衔接自然,不能有明显的分界线。

四是定妆。用粉扑将透明或同色的蜜粉轻轻地扑于面部,使整个妆容均匀固定。特别是鼻唇及眼周等最易脱妆的部位,可以按上述方法多做几遍,反复定妆。注意不要用粉扑在妆面上来回摩擦,容易破坏底妆。最后再用粉刷将多余的定妆粉轻轻扫去。

五是画眉。古人常说"眉取形、眼取神、唇取色",因此画眉时要突出眉头、眉峰、眉尾的准确位置,按照"眉头最粗、色最淡,眉峰最高、色最深,眉尾最细"的原则,用眉笔沿着修好的眉形从眉头至眉尾逐笔描画,要求动作轻柔、力度一致。最后,用眉刷将眉毛和描绘的颜色充分融合在一起,使眉毛呈现立体自然的美感。

六是眼部化妆。化眼妆可以更好地突出眼部的神采。在很大程度上,勾勒眼睛会影响脸部表情,可从三个方面着手:

第一,涂眼影。一般宜选择柔和的单色,如米色、白色等,具有淡雅自然的效果。还应与眼形、脸形、妆色、服饰等协调。例如穿红色或白色护士服,眼影宜选暖色调;穿蓝色护士服,眼影则宜用冷色调。涂抹时,用眼影棒或眼影刷蘸取已经选好的眼影色,沿睫毛边缘重复涂抹在从眼尾往眼头方向约1/4处,然后晕淡,眉骨下方可用亮色眼影,使眼部有立体感、眼睛生动有神。

第二,画眼线。画上眼线时,眼睛尽量向下看,用拇指将上眼睑向上轻提,使睫毛根部充分显露,再用软芯防水眼线笔的笔尖,沿睫毛根部从内眼角向外描画。画下眼线时,眼睛向上看,沿着睫毛根部从眼尾向中部描画出长度约1/3眼长的下眼线,一般不画内眼角,重点晕染眼尾。

第三,涂睫毛。先使用睫毛夹使睫毛上翘,再用黑色睫毛刷蘸取防水睫毛液,从上眼睑的睫毛根部向睫毛梢纵向涂染,然后横向涂染下眼睑的睫毛。

七是晕染腮红。应根据脸形来确定腮红的色彩和晕染方法。一般用粉刷将腮红从面颊颧骨处向鬓角方向轻轻刷开,要涂抹均匀,使粉底与腮红衔接自然。

八是画唇。唇部化妆可以令整个妆容生动明艳,是化妆中的点睛之笔。护士宜选用暖色系或淡而自然的滋润性唇膏或唇彩。可先用唇刷修出优美的、富有立体感的唇部轮廓,也可将唇膏直接或借助唇刷均匀地涂抹在嘴唇上。

九是修整妆容。检查妆容与发饰、服饰等是否协调一致。

2.简易化妆法

简易化妆法一般几分钟即可完成,省时方便,基本流程是:洁肤—涂润肤乳—粉底—画眉—眼部化妆(主要画眼线、涂睫毛)—涂唇膏—修整妆容。

实践指导 头面部装饰训练

【目的】

1.掌握面部简易化妆步骤和方法,熟悉化妆技巧。

2.掌握护士标准发式的梳理。

3.让学生结合自身特点,为自己设计恰当的发型和工作妆。

【准备】

1.场地准备。可在教室进行。

2.物品准备。准备小镜子、洗面奶、粉底液、眉笔、眼影、睫毛膏、唇膏、腮红、化妆套扫等化妆用品、用具;准备皮筋、发卡、发网、带花发网等头发修饰用品。

3.知识准备。复习第二章第一节中“面部化妆”的相关内容,预习第四节“头面修饰”的相关内容。

【方法与过程】

1.示范面部简易化妆技巧。可采取教师本人演示或播放教学光盘、课件等形式,进行详细讲解。① 洁面;② 润肤;③ 涂粉底;④ 画眉;⑤ 画眼线、涂睫毛;⑥ 涂唇膏;⑦ 整理妆容及发型。

2.分组训练。学生两人一组,按照常规步骤练习化妆技巧,选出代表,进行点评。

3.练习梳理工作发式。由教师选择并指导留长发的学生,掌握要领,将头发梳理成标准的护士工作发式。再两人一组互相练习。

【评价要点】

1.技能评价能否掌握要领,并合乎标准。

2.情感评价训练过程中是否严谨认真。

3.协作评价中同学是否积极参与,互帮互助。

第二节 表情礼仪

表情是指人的面部情态,是人们内心情感自然流露的外在表现。具体说来,就是在神经系统的控制下,通过面部肌肉及其各种器官所进行的运动、变化,而在面部所显现出的某种特定的形态。

面部表情是社交活动中表达思想情感最为成功的体态语言,它借助眉、眼、口、鼻等五官以及面部表情肌肉的不同运动,直观形象、真实生动地向外界传递人们内心世界的各种细微变化,进而影响人与人之间的相互交流。它不受地域、文化的限制,已成为全世界通用的交际语言。因此,我们要学习理解表情、把握应用表情,学会观察读懂、鉴别应对对方的表情,充分发挥表情的积极作用,实现良性互动和有效沟通。

面部表情的重点是眼神和笑容两个方面。

一、眼神

眼神是眼睛传递信息的途径和方式,所传递的信息称之为眼语。在人际交往中,应善于借助眼神的交流,准确地把握情感和信息的传递,掌握构成眼语的六个要素,即时间、角度、部位、对象、变化和方式等。

(一)注视的时间

交往双方相互注视的时间长短不同,表达的含义也有所不同,这在人际交往中十分重要。注视的时间不同有以下几种含义:

1.表示友好

注视对方的时间应占全部相处时间的 1/3 以上。

2.表示重视

关注或重视对方时,注视对方的时间应占全部相处时间的 2/3 左右。如听取报告、请教问题、询问病情、对病人进行健康评估等。

3.表示轻视

若注视对方的时间不到全部相处时间的 1/3, 意味着瞧不起对方或对他不感兴趣,使人感到自己不受欢迎,被轻视,被冷落,这就难以取得对方的信任。

4.表示敌意或兴趣

若注视对方的时间超过全部相处时间的2/3以上,通常有两种含义:一是对对方有敌意,往往目光不友好的同时,伴随着眉毛下垂、嘴角下撇;二是对对方产生了兴趣,常伴有微笑和眉毛微微上挑。应区别对待。

(二)注视的角度

注视的角度是指注视他人时,目光所发出的方向。应根据不同场景、不同的交往对象以及双方的关系加以调整。

1.平视

平视也叫正视,特点是视线呈水平状态目视他人。适用于普通场合及与身份、地位平等的人进行交往。

2.侧视

侧视是平视的一种特殊情况。当位居交往对象一侧时,必须转动身体或头部,使面部朝向对方,再予平视。切忌用眼睛直接斜视对方,这是极为失礼的举动。

3.仰视

晚辈面对尊长之时,应主动居于低处,抬头向上注视,以示尊重、敬畏。

4.俯视

俯视即低头向下注视。适用于身居高处,或长辈注视晚辈,以示关心和怜爱。由于俯视还可以表示对他人的轻蔑、歧视,故平辈之间应当慎用。

(三)注视的部位

社交礼仪要求,交往时,不宜注视他人的头顶、大腿、足、手等敏感部位,更不可"目中无人"。切忌注视异性肩部以下的部位,尤其是其胸部、腿部等。目光注视的部位应视交往内容、双方距离远近及关系亲疏而定。常规注视的部位有:

1.双眼

注视对方的双眼,又称为关注型注视。说明自己重视对方,正在全神贯注、专心致志、胸怀坦荡地与之交流,使人产生真诚、可亲的良好印象。但注视时间不宜过长,以免双方感到尴尬。一般用于强调要点、面试应聘、接待送别、倾听谈话,听取意见、问候对方、向人道贺等。

2.额头

注视对方额头,又叫公务型注视。注视区域又称为"面部注视的上三",即以双眼为下线,前额为上顶角所形成的三角区域。主要用于极为正规的公务活动,表示郑重其事、严肃认真、公事公办，如商讨工作、洽谈业务等。

3.眼部至唇部

注视眼部至唇部又称社交型注视。注视区域又称为“面部注视的下三角”，即以双眼为上线，上嘴唇为下顶角所形成的三角区域，常在社交场合中采用，如各类聚会、舞会、茶话会等。注视者的目光约有90%的时间都会停留于此，这种注视使双方心情放松，社交氛围轻松、和谐。

4.亲密型注视

亲密型注视包括两种情况。一种称近亲密型注视，视野常集中在对方眼部至胸部之间这一区域，多限于近距离交往，且关系密切的亲朋或恋人之间；另一种称远亲密型注视，视野通常扩大到眼部至裆部，以对方的全身为注视点，多用于注视相距较远的熟人。这两种注视均不宜用于陌生人和关系普通的异性。

5.任意部位注视

任意部位注视通常也叫随意型注视或瞥视，是指对他人身体的某一部位随意一瞥。一般表示注意，多用于在公共场合注视陌生人，也可表示敌意，最好慎用。

(四)注视的对象

注视不同的对象时，目光中流露的情感应随之变化。如面对尊长时，应根据具体情况，采取仰视或视线略微向下，以示恭敬；对待儿童的目光则应亲切、温暖，以示关爱之情；负责迎送接待或时逢他人喜事，目光应热情洋溢，以示欢迎或祝贺；当他人遭遇挫折或不幸时，目光应充满理解、鼓励或忧伤、沉痛，以示安慰、支持。一般应忌用冷漠、傲慢或轻蔑、嘲笑等无礼的目光。

(五)眼部的变化

在人际交往中，人的目光、眼神、视线时刻都在变化着，主要表现为眼睑开合的变化、瞳孔大小的变化、眼球的转动、视线的交流等。

以上变化反映了对方在交往时内心情感瞬间的转变，因此，观察和理解这些变化，积极应对，有助于把握交流中的主动权，促进和谐交流。如在交谈时，对方闭上双眼，表示对交谈的内容不感兴趣或有所厌倦，这时应及时转换话题或结束谈话；若对方眼皮开合的频率过高，眨眼频繁，说明他过于紧张或在撒谎，这时应采取措施令其放松，并对他讲述的内容重新斟酌；当讲到某个内容时，发现对方的瞳孔突然扩张，说明他很感兴趣，应就此内容加以强调或深入下去。

二、笑容

笑容是人们在笑的时候呈现出的面部表情。真诚、亲切的笑容,既能悦己又能悦人,是一种令人感觉愉快、发挥积极正面作用的表情。它是人际交往中的轻松剂和润滑剂,被誉为“人类最美的表情”、“最好的化妆品、保养品”,具有极大的亲和力和感染力。

(一)笑的作用

笑容可以传达出高兴、赞许、同意等多种情感,给人以亲切感、友好感,能有效地缩短人与人之间的心理距离,打破交际障碍,为进一步深入沟通与交往创造出温馨、融洽的良好氛围。而护士的微笑比其他任何行业的微笑都显得更为重要,它胜过千言万语,可以有效地减轻病患者的心理压力,拉近护患之间的距离,宽慰、支持、鼓励病人,使其增添战胜疾病的信心和力量。

因此,重视和发挥笑容的积极作用,是日常生活和工作中不可缺少的一个重要组成部分。

在护理工作中护士应当保持微笑,为病人创造轻松的气氛。从心理学角度来看,护士的微笑可以感染和调节病人的情绪,让病人感到温馨,产生愉快,在一定程度上驱散病人的烦恼和忧郁,创造和谐的病房气氛。从护患关系来看,微笑可以消除双方隔阂。从护理的效果来看,微笑是护患交往的催化剂。

(二)笑的种类

在日常生活中,笑的种类很多,绝大多数都属于善意,但也有极少数是有违礼仪的,要注意区别,按照礼仪的要求去做。根据笑的程度,笑容主要分为含笑、微笑、轻笑、浅笑、大笑、狂笑六种,而且这六种笑容中,以前四种较为常见,也较符合礼仪的要求。其中,自然得体的微笑在人际交往中受到世界各民族的广泛认同,被誉为是“最令人愉悦、最真诚友善、最具有价值的笑容”,被视为“全人类最美好的共同语言,是参加社交的通行证”。

(三)笑的方法

在笑的过程中,随着眉、眼、唇、齿、表情肌肉和声音等彼此之间的运动配合的不同,所产生的笑容也不同。要想拥有自然大方、真诚甜美的微笑,必须掌握它的要领和方法。

微笑时,额部肌肉收缩,使眉位略有提高,眉毛微弯呈弯月形,眉头自然舒展;双眼稍稍睁大,目光亲切柔和、蕴涵笑意;两侧面颊部肌肉收缩,并稍稍向上提拉,使整个面部呈现笑意；双唇自然闭合，不露牙齿，嘴角微微上翘，唇形略为弯曲呈弧形；同时自觉地控制发声系统，不发出笑声。微笑的口诀是：眉眼笑，两颊上提，嘴角上翘，唇闭无声。（见图 2-2-1）

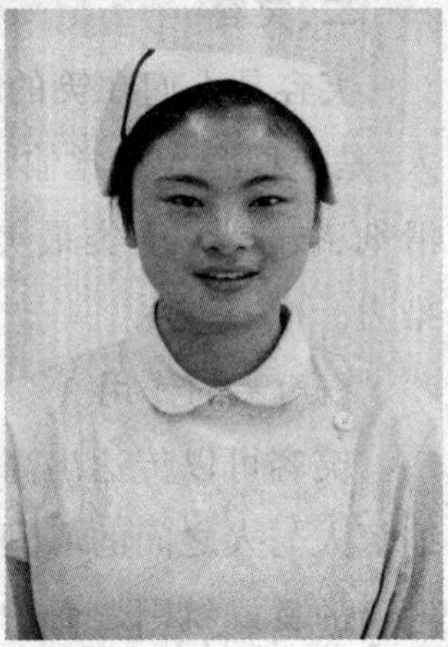

图 2-2-1

（四）笑的注意事项

笑是一门艺术。既要讲究笑的甜美动人、愉快尽兴、适时适度，还要兼顾仪态、场合以及不同情境下他人的情感状态。笑的时候应注意以下几个方面。

1. 声情并茂

笑的时候，应"发于情，出于心"，应表里如一、声情并茂，且与自身的举止谈吐相辅相成，不允许有丝毫的"作秀"和"包装"，这样才能赢得他人的信任与敬重，建立诚挚和谐的交往关系。切忌笑的同时，出言不逊、举止粗俗，或虽言语文雅、举止得体，却冷若冰霜，这样会使交往对象质疑你的态度。

2.表现和谐

笑，是人们五官、面部表情肌肉和声音等部位所进行的协调运动。因此，笑的时候，在关注口形运动的同时，必须使各个部位相互配合、运动到位、统一和谐，避免顾此失彼、毫无美感或矫揉造作、笑得勉强。

3.气质优雅

笑时的优雅仪态能够自然反映出人们的文化修养和精神追求。笑要发自内心、精神饱满，同时气质典雅、仪态端方。倘若笑的时候，随心所欲，表现得粗俗放肆，将有损个人形象。

4.适时适度

笑必须适时适度，不能随意滥用。不合时宜的笑容，会引起误解，或适得其反。如在他人遇到困难、出现失误时发笑，或面带笑容将不幸的消息告知他人等，会有幸灾乐祸之嫌，严重伤害对方的自尊和情感。因此，要结合具体情境，恰当地运用笑容表达情感。

（五）笑的禁忌

笑的种类很多，含义也各具特点，应当避免以下这些失礼、失仪的笑：假笑，虚情假意、矫情造作；狞笑，面目狰狞、不怀好意；怪笑，怪里怪气、让人害怕；媚笑，过于功利、使人质疑；窃笑，幸灾乐祸、令人生厌；嘲笑，伤人自尊、惹人不满；冷笑，引发敌意、招人反感等。

第三节 身体仪容

头面仪容虽然是修饰的重点,但身体形象也不能忽视,它同样是礼仪活动中的重要组成部分,身体是礼仪的载体,许多礼仪形式都是通过身体各个器官的协调统一来完成的。因此,应该了解身体各部位的仪容。

一、颈项部

颈部是人体上承头面下连躯干的重要组成部分,其状态直接影响人体的整体仪容,对颈部的仪容要求包括呵护肌肤和端正姿态两个方面。

(一)颈部的清洁与保养

颈部肌肤较为细薄、脆弱,分泌皮脂较少,易缺水干燥,再加上常年暴露于外,深受紫外线和寒冷的侵袭,人在十几岁时就开始出现不明显的颈部细纹,并随着年龄的增长而加深,最终皱纹明显、松弛老化,与面容形成较大反差,使人显得衰老。因此,应注重每日的颈部清洁、滋养、按摩,以保持肌肤的滋润和弹性。

(二)保持正确的姿态

在长期支撑头部重量,频繁抬头、低头的过程中,用颈不当会引起多种类型颈椎病发生,不仅严重影响颈部仪容,还会引起身体其他部位不端正的姿态。因此,要加强颈部锻炼,保持正确姿势,防止颈椎病的发生,使颈部灵活自如,塑造出优美动人的颈部曲线。

二、手臂部

人际交往中,手臂使用最多,能够完成各种各样的礼节和手势、手语,在交往时备受瞩目。因此,被人们视为交往中的“第二张名片”。必须注意以下几点:

(一)手掌

手掌是手臂的中心部位,是手臂动作中最多的一部分,也是形成各种手语的关键。修饰的重点应放在以下几个方面:

1.勤加洗护

在日常生活中,手和外界的接触最多,应当勤洗手、多护手,不要让手“伤痕累累”,这样既有损美观,又影响手的功能。

2.勤修指甲

过长的指甲,毫无使用价值,不卫生,也不方便。因此要经常修剪,使长度不超过手指指尖为宜。不应在公共场合修剪指甲,不能用牙齿啃咬指甲,这些都是不卫生、不雅观、不文明的行为。涂抹指甲油不利于健康,应予避免。

3.勤于锻炼

手是人体最灵活的器官,也是所有技能操作的重要执行者,应经常锻炼手腕、手指,使其反应灵活、操作自如。

“美甲”存在健康隐患

很多女生喜欢变换指甲的颜色和形式,“美甲”越来越受欢迎。但从医学的角度来说,这种做法有损健康,不应提倡。例如美甲时,要先用专业锉刀将指甲锉薄,再用胶水粘贴带有美丽图案的仿真指甲,这就锉掉了指甲的表层,使手指的保护和抵抗力下降,容易受酸性或碱性物质的腐蚀。指甲还可作为临床判断身体健康的一项辅助指标。如果涂抹厚厚的指甲油或贴上指甲片,就很难发挥它的这一作用了。长期覆盖指甲油,不利于指甲透气,专家建议,美甲后两周左右就应擦去指甲油,休息一段时间后才能再次进行。

(二)肩臂

社交礼仪要求在修饰肩臂时,最重要的一点就是在非常正式的场合如政务、商务、学术及外交活动中,禁止穿着无袖装、露肩装,以确保肩臂,尤其是肩部,不暴露在衣服之外。

(三)腋毛

腋毛属于个人隐私,不应为外人所见。尤其是在参加正式场合选择着装时更应重视,避免穿着使腋毛外露的服装。在非正式场合中,倘若穿着暴露腋窝的服装,则务必先将腋毛脱去或剃去。

(四)体味

要做到勤洗澡、勤换衣,及时除去汗臭、狐臭等不良气味;涂抹香水时不宜过浓,且不宜涂抹在外衣上和容易出汗处。

三、足腿部

近距离交往时,足腿部可能会为他人所注视,修饰足腿部位时应注意以下几点:

(一)脚部

1.保持卫生

正常情况下,应注意保持脚部的清洁卫生,要勤换洗鞋袜。不得穿着破损或有异味的袜子,若条件许可,最好随身带上备用袜子,以备不时之需。

2.严禁裸露

正式场合光脚穿鞋既不美观,又会遭人误解,如在欧美国家,则有卖弄“性感”之嫌,应当避免。在正式场合还应当避免穿着使脚部过于暴露的拖鞋、凉鞋、镂空鞋等。

3.注意动作

不要当众脱鞋或使脚部处于半脱鞋状态,更不能脱下袜子抓挠脚部,这些不良习惯均有违礼仪要求,严重损害个人形象。

(二)腿部

正式场合着装时,要求男女都不宜穿着短裤,以免腿部过于暴露。女士还应避免穿着过于暴露的超短裙,一般可选择长裤或长度超过膝盖的裙装,再配以合适的袜子。需要注意的是,无论穿着短袜还是长袜,袜口均不宜露出裤脚或裙摆之外。

第四节　护理工作中的仪容礼仪

护理工作是一项特殊的职业,面对的服务对象是身心健康需要达到最佳状态的病患者。因此,护士的仪容至关重要,它反映了护士良好的职业形象,代表医院的整体形象。具体应做到:仪容整洁大方、表情自然亲切。

一、仪容整洁大方

护士在修饰仪容时,一定要认真对待,既不能得过且过、敷衍了事,也不能过分修饰、过于时尚,应遵循整洁得体、美观大方的原则,力求简约明快、方便实用,让美同自己的职业身份相匹配。

(一)头面修饰

护理工作的发饰有着严格的规定和要求,除了遵循基本的头饰礼仪外,还应当充分符合护士的职业要求,体现出自身的职业特点。

护士无论是何性别,都不得在自己的头发上大做文章,过分追求时髦、前卫,如染发烫发、留大鬓角或剃光头等。通常护士头发长度前不遮眉、侧不掩耳、后不过领。

女护士留长发者，在工作岗位上应将其盘成发髻，用发卡、头花或网罩加以固定，使头发前后侧面各个角度都能符合上述标准。(见图 2-4-1、图 2-4-2 、图 2-4-3)

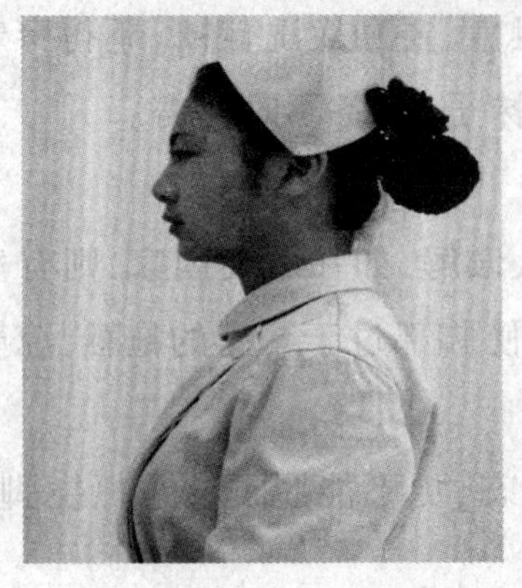

图 2-4-1

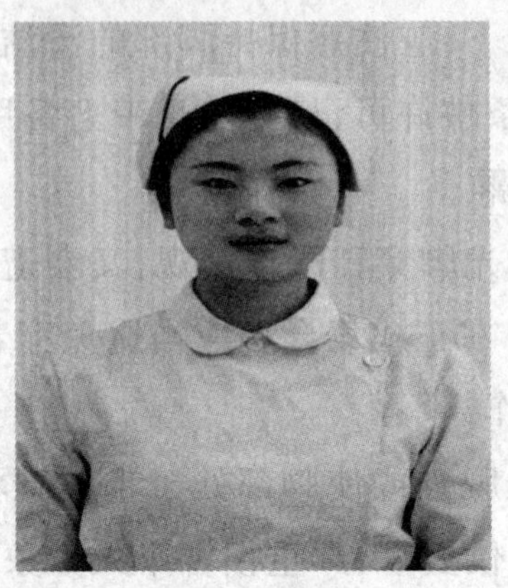

图 2-4-2

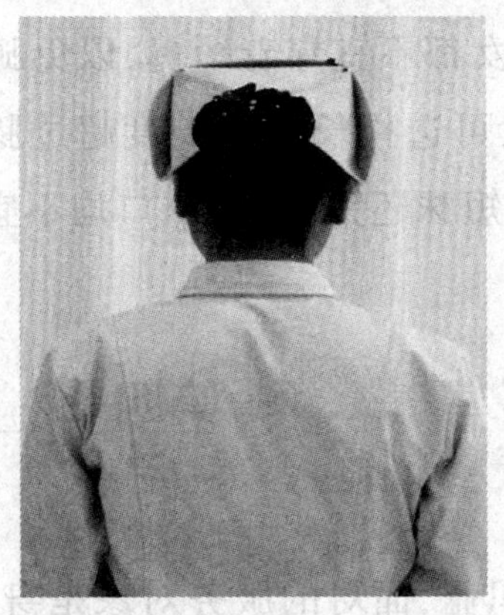

图 2-4-3

留短发者，头发自然后梳，两鬓头发置于耳后，不可披散于面颊，必要时可用发卡固定，当短发超过耳下 3 厘米时，应当盘起或使用网罩。对男护士而言，无论在什么科室工作都不准剃光头、留长发或扎小辫。

护士的面部仪容应注意整洁美观，准予适度的修饰。女护士可淡妆上岗，妆容得体自然、端庄靓丽，使人显得精力充沛、容光焕发。男护士应经常修剪胡须、鼻毛，保持面容洁净。

(二)身体修饰

在护理工作中，手是同病人接触最多的部位，护理工作者在操作前后必须洗手，严防交叉感染，生活中还要经常对手部进行保养和护理，防止病菌的入侵。

为方便工作，护士必须严格按照规定穿着清洁得体的护士服、护士鞋，不可随意脱去;下班后,应及时换上便装,不能穿着护士服在医院外行走,这是对工作制服的不尊重,且容易传播病菌,影响健康。穿裙装时,裙摆下端一定要遮蔽于护士服下摆之内,配以肉色或浅色的长筒丝袜,袜口不得露出裙装之外,以展示护士规范得体、端庄美丽的职业形象。

二、表情自然亲切

护理工作者肩负着“健康使者”的重任,其表情的流露直接影响着护患关系,对能否取得病人信任、顺利开展护理工作、促进病人病情的康复都有着极其重要的意义。因此,应把握以下几点。

(一)基本要求

表情应乐观向上、真诚亲切、沉稳内敛,具有较强的亲和力和感染力,需要护士在工作时找准自己的角色定位、懂得控制情绪、学会克制和忍耐,尽量消除因个人恩怨、家庭琐事、工作矛盾引发的不良情绪,微笑地投入到工作中去。要善于观察病人的表情,体察对方的情绪变化,一旦发现病人有消极悲观情绪,应及时加强心理疏导,做出正确的护理诊断、制定合理的护理措施。

(二)模拟训练

1.目光、眼神训练

(1)“眼语六要素”:同桌两人一组进行现场模拟训练,甲同学扮演护士,乙同学扮演病人。教师设置不同情境,要求两者在相互注视的过程中,准确地把握注视对方的时间、部位、角度、方式等,变换眼神的交流,传递不同的情感和信息。

在接待病人时,甲同学应平视乙同学的双眼,流露出友好亲切的目光,注视时间占全部相处时间的1/3以上;在询问病情或进行健康评估时,甲同学直视对方双眼,流露出重视的目光,注视时间占全部相处时间的2/3左右;在和病人进行工作方面交谈时,甲同学应注视乙同学的额头,即“面部注视的上三角”,流露出严肃认真的目光;在医院外普通的社交场合中遇到病人时,甲同学应注视乙同学的眼部至唇部,即“面部注视的下三角”,流露出热情关心的目光。最后请乙同学说出感受,教师进行点评。

根据教师的提示,请扮演病人的乙同学用目光分别表达出喜悦、愉快、沉稳、厌烦、悲伤、忧虑、绝望等心情,请甲同学试着“读懂”对方目光的含义,说出自己的感受,教师予以点评。

甲、乙同学互换角色,重复上述演习。示教训练以后,学生可三人一组分别扮演不同角色,按上述方法训练,教师巡视指导。

(2)眼神的灵敏性与目光的专注:平视前方,控制好眼球,使之按照垂直方向上下移动,再按照水平方向左右运动,反复进行,每组10次,尽可能多做;然后再按照顺时针和逆时针方向做10次转圈运动。练习目光的专注性时,应盯着前方的某一物体,尽量不去眨眼。坚持练习,可以自如地控制眼部肌肉,注视他人时目光更为专注、集中,有利于眼神交流。

2.微笑训练

(1)练习眼中含笑。具体方法是:对着镜子,用一张厚纸,将眼睛以下的部位遮住,心里想些最幸福、愉快的事情,嘴角两端做出微笑的口型,笑肌随之自然收缩抬升,此时双眼就会十分自然地呈现出笑意。随后放松面部肌肉,使各部位恢复原状,但目光仍然保持含笑。如此反复练习。

(2)练习嘴角上翘。练习时,对着镜子口中念着普通话的"一"字音或英文字母"G"的发音,使两侧嘴角及双颊肌肉自然上翘,保持10秒钟,再恢复原状。注意下唇不要用力过大。也可对镜站立,轻轻地咬住一根筷子,使上排牙齿自然露出,连接嘴唇两端的线与筷子在同一水平线上。再用两手按住两侧面颊的肌肉,调整嘴角上翘的角度,找出最佳位置,使嘴角上升的程度一致,这就是最理想的微笑。保持这个状态10秒钟,然后拿掉筷子,继续保持此表情10秒钟,如此反复练习。

【复习思考题】

1.仪容美的含义是什么?

2.化妆时应遵循的原则有哪些?还应注意哪些禁忌?

3.构成眼语的六个要素是什么?

4.为什么护士的微笑比其他任何行业人员的微笑更为重要?

5.护理工作中对护士的仪容有哪些要求?

6.如何练习眼神与微笑?

第三章 护士的服饰礼仪

服饰,是对人们所穿的衣服、饰物及携带品的总称。在日常生活和人们的社会交往中,服饰与人的关系日益密切。服饰能反映出一个人的社会地位、文化品位、审美情趣,也能表现出一个人对自己、对他人以及对生活的态度。

护理工作者,应该了解一些服饰的基本知识、着装原则及服饰礼仪的知识,使自己的装束合乎礼仪规范,带给他人以美的感受,展示护士职业的整体素质,塑造护士职业的美好形象。

第一节 着装礼仪

着装,即服装的穿着,是一门技巧,也是一门艺术。从礼仪的角度来看,着装不仅仅指穿衣戴帽,更是指由此而折射出的人们的教养与品位。

一、着装的原则

服装,具有多重实用性功能,在人际交往中,成为表现自我、提高自尊及尊重他人、美化生活的必备条件。无论从事何种职业,都必须穿着恰当得体,自觉遵守着装的基本原则。

(一)TPO 原则

T、P、O 分别是英文 time 、place 、object 三个单词的第一个字母的组合。T 代表时间、季节、时令、时代;P 代表地点、位置、场合、职位;O 代表目的、目标、对象。着装的 TPO 原则是世界通用的着装打扮的最基本的原则。它要求人们的服饰力求和谐,兼顾时间、地点、目的三个要素，着装时遵循这个原则，才能合乎礼仪规范，给他人留下良好的第一印象。

1.时间

泛指白天和晚上，季节时令指春、夏、秋、冬，时代指超前或落伍。在不同的时间，着装的类别、式样、造型都应有所变化。白天穿着应合身、得体、端庄，晚上可宽大、舒适、随意。夏天穿着要吸汗、透气、简洁、凉爽，冬天穿着要保暖、御寒、大方。还要顺应时代节奏，既不能太超前，也不能过分落伍。否则，都会显得不和谐。

2.地点

不同的国家、地区，因政治环境、经济制度、自然条件、地理位置、文化背景、风俗习惯不同，着装要求也不同。在不同的环境下，如室内与室外、城市与农村、国内与国外、单位与家中等，着装要求都不相同。总之，服装穿着既要自然得体、协调大方，更要具有道德魅力、审美魅力及行为规范魅力。

3.目的

着装体现人们的意愿，交际的目的性很强。在现代生活中，服饰在协调人际关系、提高工作效率、体现自身价值等方面，发挥着越来越重要的作用。一个着装庄重讲究的人要比一个衣着随便、不注意款式等多方面要求的人交际成功的可能性要大得多。

（二）协调性原则

正确的着装，应当统筹考虑、精心搭配、相互呼应，尽可能显得完美、和谐。着装的协调性原则，表现在与年龄、肤色、体形、个性等方面的协调。

1.与年龄相协调

不同的年龄对着装有不同的要求。如青少年的着装要求体现青春气息，朴素、整洁，款式简洁、清新、活泼，避免珠光宝气、庸俗华丽的着装。中年人的着装应体现成熟、健康、庄重的美感，色彩上宜选上浅下深的搭配，给人以稳重、深沉的静感。老年人的服装应体现雍容华贵、大方、冷静、雅致的气质，色彩上可选明亮度暗的色彩。

2.与肤色相匹配

人的肤色会随着所穿衣服的色彩发生微妙或明显的变化，因此根据不同的肤色来选择服装，会起到相得益彰的效果。

3.与体形相适宜

人的体形千差万别，所以同一件服装穿在不同体形的人身上，效果截然不同。身材高而瘦的人,应选择面料厚一点儿的服装会显得比较丰满、精神,避免穿着竖条纹、窄小、紧身的衣服,避免使用暗色,尽量选用刚好合体的服装;身材肥胖者,服装面料要厚薄适中,轻柔而挺括,避免穿大花、横条纹、大方格图案的服装,否则会显得横宽。身材肥胖的女士,适宜选西服裙,不应选皱褶的面料做衣服,不适合穿无袖短衫或连衣裙、百褶裙、喇叭裙。

4.与个性相统一

着装的个性化,主要指依个人的性格、年龄、身材、爱好、职业等要素着装,力求反映一个人的个性特征。选择服装因人而异,重点在于展示所长,遮掩所短,显现独特的个性魅力和最佳风貌。现代人的服饰呈现出越来越强的个性化趋势。

二、着装时的自我形象设计

在社交活动中,每个人都会给人留下一种特定的印象,并形成一定的综合评价,这就是社交形象。在社交场合,服装就像自己的名片,无声地介绍着自己的身份,表露自己的情感,体现自己的文化修养,直接影响着一个人的人际关系和事业的发展。因此,每一个人都应根据自身特点、环境要求等,设计最佳的自我形象。可从服装的款式、色彩、质地与做工等方面加以修饰、调整,给人一种优雅、洒脱、新颖的感觉。

(一)款式

在选择服装的款式时,应当遵守TPO原则,同时还应注意自己的具体情况,按照礼仪规范和惯例,选择不同款式的服装。例如身材瘦小的女士,应选短款、合体的服装,并配以短发,给人以精干利索的感觉。年轻人,可选择时尚、流行的款式,体现出青春的活泼与天真;中老年人,款式不宜太新潮,应简洁、大方,但面料、质地要讲究,以体现中老年人的庄重、典雅与沉稳。

(二)色彩

服装的色彩是着装成功的重要因素。服装的配色要以"整体协调"为基本准则。全身着装的颜色最好不要超过三种,而且以一种颜色为主色调。灰、黑、白三种颜色在着装配色中占有重要位置,几乎可以和任何颜色相配,并且都很合适。下面介绍几种常用的配色法:

1.统一法

上、下衣以及帽、鞋采用一个色调,如白连衣裙配白手套、白色皮鞋,也可以采用全身黑色、全身蓝色等。这种配色法往往产生一种和谐的效果,一般适合婚礼及宴会。职业服装与工作环境的统一和谐,也常用这种搭配法,如护士工作时白衣、白帽、白裤(白袜)、白鞋当属此种工作服装。

2.呼应法

上、下衣之间,上衣和帽子、鞋、提包等相呼应,如赤色裙子,上配黑白条或黑白花上衣,戴红帽子应配红色挎包或红白色花纺的上衣。这种呼应配色使人感到和谐又活泼,适合参加晚会、观看文艺演出及看电影时穿着。

3.陪衬法

上、下衣,上衣和袖口,裙子、下摆和裙带,上衣和衣领等,用黑、白、红、黄等色陪衬。这种对比方法能显示出生动、活泼的感觉和色彩美,适合学生或青年人外出旅行时穿着。

4.点缀法

在统一色调的服装上点缀不同色或相反色的袖口、领口、口袋或装饰等,起到画龙点睛的作用。这种配色法既显得文雅又显得庄重,上班或外出购物时的职业女性穿着较为适宜。

5.对比法

上、下衣之间,上衣的领子和袖子,上衣、裙子或裤子用不同的颜色相配,形成鲜明的反差,显示出鲜艳、活泼、明快的感觉。一般情况下,较适合儿童及运动员的着装。

除此之外,还有调和法、时尚法等。无论采用哪一种搭配方法,都应掌握一条共同的原则——协调。另外,还要与服装配件、季节、年龄、场合等协调。

(三)质地

质地与做工可根据不同年龄、体形、场合、职业等有所侧重。中老年人着装时应把质地与做工放在首位,然后再考虑款式及花色是否适合自己;青年人,理想体形者,对服装的款式、质地选择的范围比较大,着装时应多考虑服装与肤色、气质、身份、场合等的协调。大部分人的体形适合细软的毛料、棉织品及精纺的羊毛衫。体形胖一些的人选小花的面料有收缩作用,使人显得苗条些;体形瘦一些的人应选粗呢、厚毛料、宽条绒等,有增加体积的效果,硬挺的面料及大花的面料都有扩张效果,使人显得丰满些。

(四)职业

不同的职业对服装有不同的要求。着装要体现自己的职业特点,与职业、身份、角色形象相协调,尤其是工作时的着装,更要体现出职业服装的实用性、审美性、方便性和特殊性。如餐饮业最适合穿白色服装,使人感觉清洁、卫生;商场服务员应选素雅、明朗、单纯的色调,显得整齐、大方、文雅;宾馆服务员应穿暖色调,给人以温暖、亲切的感觉;医务工作者的着装应朴素、典雅,给人以大方、稳重的感觉等。

另外,着装还应与交际对象、场合、家庭条件、价值观等方面结合,应恰当地进行自我设计,形成和谐的整体美,塑造出良好的社交形象。

三、着装的注意事项

着装应在力所能及的前提下,根据时间、地点、对象的不同,精心选择,合理搭配,充分体现出着装人的身份、职业等。因此,在日常生活的各种场合中,都要注意自己的着装是否合乎礼仪规范,主要应从整体、场合、搭配、环境等方面引起注意。

(一)注意整体美

整体美不仅来源于一个人的外观和形体,而且体现了其精神面貌和性格特征等。一个人内在与外在的各方面因素综合协调形成了系统的整体形象。正确的着装是服装、身体的各个部分相互辉映,在整体上尽可能地显现完美与和谐。重点要注意以下两点:

第一,恪守服装本身的约定俗成的搭配。如穿西装时应配皮鞋,不能穿布鞋、拖鞋、运动鞋等。

第二,使着装时各个部分相互呼应。局部应服从于整体,力求展现着装的整体美、全局美,如穿西装时,男士的皮鞋与包同色,女士的帽与挎包同色等,以取得和谐与呼应的效果。只有美而得体,才符合礼仪。

(二)注意场合

正式场合不宜穿短裤、背心、超短裙、紧身裤,办公室里不宜穿低胸装、无袖装等;宴会或联欢时女士应穿裙装;穿旗袍时,开叉不可太高,以膝上30~60厘米为宜。穿睡衣出入公共场合是非常失礼的,睡衣只适宜在卧室穿着;在家里或宾馆内接待客人时,也不宜穿内衣、睡衣、短裤,而且不能光脚等等。

(三)注意搭配

服装搭配是一门艺术,也是一门学问。着装时如搭配适宜,可扬长避短,起到锦上添花的效果;如搭配不当,不仅有损形象,而且会招人笑话。下面介绍几种常见的组合搭配:

1. 色彩的搭配

没有不美的色彩,只有不美的搭配。可供选择的服装色彩很多,着装时色彩的搭配应因人、因时间、因心情而异，以形成最佳的色彩组合。实现服装色彩最佳搭配的关键就是要和谐，和谐体现在着装者的肤色、性别、年龄、体形、职业上，应与人的性格、气质、精神面貌、季节、环境、场合等相协调。

2. 套装的搭配

男士穿西装时，上、下装颜色要一致，配西装的衬衣与西服颜色要协调，不能是同一色的。领带与衬衣可采用相近的协调色，也可选用相反的对比色，但不宜太强烈；有图案的领带应避免与花衬衣配在一起；和西装、皮鞋相配的袜子，最好是纯棉、纯毛的深色袜子，不能穿破损、过大或过小的袜子。

女士着套裙时，上装与裙子的色调应统一，而且要成套穿着，并配以连裤袜或长筒丝袜、中跟或高跟皮鞋。着套裙最好化淡妆，对衬衣、袜子、鞋子、饰物甚至皮包的选择，都应搭配协调。

第二节 佩饰礼仪

佩饰，是人们在着装的同时所选用佩戴的装饰性物品。巧妙地使用首饰和饰物，是构成整体和谐的点睛之笔，可起到与服装相互烘托、交相辉映的装饰效果。服装的饰物很多，根据作用大致可以划分为两大类：装饰类和实用类。耳环、手镯、项链、胸花等属于装饰类，围巾、帽子等属于实用类。

与服装相同，装饰品的佩戴，也要按礼仪的基本要求，根据不同的场合和交往的对象等有选择地佩戴，以利于表现整体形象，发挥一定的交际功能。在社交场合，佩饰主要有两方面功能：第一，它是一种无声的语言，可借以表达使用者的知识、阅历、教养、审美品位；第二，它是一种有意的暗示，可借以了解使用者的地位、身份、财富、婚恋现状。这种功能，是普通服装难以替代的。

一、首饰的佩戴

首饰，以往指戴在头上的装饰品，现在泛指各类饰物。在崇尚美的时代，饰物已成为人们整体风采的重要点缀，并且作为大多数人社交场合中经常使用的必备品。要使佩戴的各种首饰起到锦上添花、画龙点睛的作用，必须讲究佩戴礼仪，即根据佩戴者具体情况、服装、场合等条件来选戴。

学习首饰礼仪，需要把握的主要有三点：一是使用规则；二是佩戴方法；三是不同场合。

(一)使用规则

合乎常规、常理,巧妙地使用首饰和饰物,是构成整体和谐不可缺少的部分。因此,在正规场合使用首饰,应遵守以下规则:

1. 数量规则

以少为佳。必要时可以一件首饰也不佩戴,以免给人以过分炫耀、画蛇添足、华而不实、浅薄庸俗的感觉。若有意同时佩戴多种首饰,总量上应控制在三件以下。除耳环、手镯外,戴的同类首饰最好不超过一件。当然新娘的装饰是例外的。

2. 色彩规则

力求同色。若同时佩戴两件或两件以上首饰,应使其色彩一致,戴镶嵌首饰时,也应与主色调保持一致。千万不要让佩戴的几种首饰色彩斑斓,让人眼花缭乱。

3. 质地规则

争取同质。若同时佩戴两件或两件以上首饰,应使其质地相同。佩戴镶嵌首饰时,应使其被镶嵌物质地一致,并力求用质地相同的托架。这样,能让它们在总体上显得协调。

4. 身份规则

符合身份。选戴首饰时,不仅要照顾个人爱好,还要与自身的性别、年龄、职业、工作环境保持一致。在校学生最好不佩戴首饰;一般工作人员不宜佩戴大型、怪异饰物;成熟的中年妇女应选戴货真价实的饰物。

5.体形规则

扬长避短。避短是重点,扬长要适时而定。选择首饰时,应充分重视自身的体形、脸形等特点,达到掩饰自身不足、增加美感、掩丑扬美的目的,并非任何人戴上任何一种装饰品都是美丽的,首饰的佩戴必须因人而异。

6.季节规则

与季节吻合。季节不同,戴首饰也应不同。一般金色、深色首饰适于冷季佩戴;银色、艳色首饰则适合暖季佩戴。春秋季可选戴耳环、胸针;夏季可选戴项链和手链;冬季则不宜选用太多的饰物,因为冬天衣服过多臃肿,饰物过多反而不佳。

7. 搭配规则

与服饰协调。佩戴首饰,要同时兼顾穿着服装的质地、色彩、款式,并努力使之相互搭配、协调。通常,穿着考究的服装,应佩戴昂贵的饰物;服装轻盈飘逸,饰物也应玲珑精制;穿运动装、工作服时不宜佩戴首饰。

8.习俗规则

遵守习俗。不同的地区、不同的民族,佩戴首饰的风俗习惯多有不同,对此既要了解,又要尊重。

(二)佩戴方法

首饰的种类很多,按其所使用的部位而论,有头饰、耳饰、颈饰、胸饰、腕饰、指饰、足饰之分;在品种上,有戒指、项链、挂件、耳环、手镯、手链、脚链、胸针等。在佩戴方法上,除必须遵守上述使用规则外,不同品种的首饰往往还有许多不同的要求。下面介绍一些常用首饰的佩戴方法:

1. 戒指的佩戴方法

戒指又叫指环,常被作为爱情的信物、富贵的象征、吉祥的标志,男女老少皆宜。戒指的佩戴有一定的讲究,通常是戴在左手上,一般只戴一枚戒指,如果想多戴,最多戴两枚,可戴在一只手相邻的两个手指上,也可以戴在两只手对应的手指上,一个手指不应戴多枚戒指。戒指的佩戴,有习惯和传统的规则:一般认为戒指戴在食指上表示想要结婚;戴在中指上表示正在恋爱之中;戴在无名指上说明已订婚或结婚;戴在小指上表明独身。拇指通常不戴戒指。

2. 项链的佩戴方法

项链,是戴于颈部的环形首饰,是平安、富贵的象征。通常佩戴项链不应多于一条,男女均可佩戴,但男士佩戴一般不应外露。项链的佩戴应与服装、个人颈部特征、年龄、个性等协调,通过对颈部的装饰展现出独特的个人魅力。

3. 耳环的佩戴方法

耳环又叫耳饰,可分为耳环、耳链、耳钉、耳坠等。一般情况下多为女性所用,并且讲究成对使用。颈部短粗或体形较胖的女士不宜戴耳环,更不应戴大耳环;戴眼镜的女士一般也不宜戴耳环;颈部细长的人戴大而长的耳环,看上去显得更美。如无特殊要求,不要同时戴链形耳环、项链与胸针,容易显得过分张扬,且繁杂凌乱。戴耳环还应考虑场合、气氛、年龄、发型等诸多因素,以期收到相得益彰的效果。

4.手镯的佩戴方法

手镯即佩戴于手腕上的环状饰物。佩戴手镯目的是强调手腕与手臂的美丽,所以二者不美者应慎戴。手镯的种类有金手镯、银手镯、翡翠手镯、嵌宝手镯等。男士一般不戴手镯。手镯可以戴一只,也可以同时戴两只;戴一只时,通常应戴在左手上,戴两只时，可一只手戴一只，也可以都戴在左手上。一般不要在一只手上戴多只手镯。戴手镯时不应同时戴手表。

5.胸针的佩戴方法

胸针又称胸花，即别在胸前的饰物，多为女士所用。别胸针的部位多有讲究，穿西装时，应别在左侧领上；穿无领上衣时，则应别在左侧胸前。发型偏左时，胸针应当偏右；发型偏右时，胸针应当偏左。高度为从上往下数的第一粒到第二粒纽扣之间。

6. 围巾的佩戴方法

围巾，是戴在脖子上的装饰。戴围巾的目的一是为了防寒保暖，二是起装饰作用。如有的人把围巾搭在脖子上，两端垂直在前，上衣领口的纽扣打开，露出项链，看上去显得洒脱大方，这种围巾颜色不宜太深，要显得厚且挺实为好。有人将围巾缠卷在衣服内，让人感到一种高贵气质，这种围巾颜色深浅要和衣服相配，围巾应薄一点、短一些为好。三角巾、大披肩巾有时系于肩上或垂挂在肩上，也很雅致、洒脱。一般这种佩戴法适于高个、披肩发的人。

7. 帽子的佩戴方法

帽子是戴在头部的饰物。帽子的佩戴较难，需要了解一些民族文化及习俗。戴得不好会显得不伦不类，而戴得得体可以起到调节身高、修饰脸形、平衡服装色彩的点缀效果。因此，应根据个人的脸形、发型、服装等选择佩戴。一般而言，个子矮的人宜戴高顶小檐的帽子；长脸形的人应戴宽边鸭舌帽；脸盘较宽大的人不宜戴小檐帽。

总之，无论是何种饰品，都不可佩戴过多，怎样利用佩饰来再现自我，还需要在实践中加以学习，并不断地体会、完善。要提高个人的艺术鉴赏力，注重个人修养，使自己的装束更加符合礼仪规范。

(三)不同场合的佩饰

佩饰的作用就是装饰。不同的场合选择不同的服装，配以合适的佩饰品，会给人留下良好印象，呈现最完美的一面。如白天的活动，女士可佩戴不太耀眼的首饰；而晚上的活动，宜选富有光泽的珠宝、钻石、金银饰物等。如果追求华丽，黄金最好；如果体现高雅，铂金最佳；珍珠项链永不过时，适合女士在多种场合佩戴。

1. 工作场合的佩饰

工作时所戴的饰品基本上以不妨碍工作为原则，以简单大方、不引起人的注意为理想。项链不宜太长，耳环以耳钉为佳。久坐办公室或长时间使用计算机的女士，因为手部动作太多，佩戴戒指影响灵活度，所以一般不宜佩戴。

2. 舞会的佩饰

适合佩戴闪烁耀眼、色彩艳丽的饰品。服装面料以丝缎、薄纱为主，佩饰要有闪光点，质地最好是珠宝、水晶类，这样才能突出重点，展示个人风采。

3. 晚宴的佩饰

宜选择深黑色长裙作为晚装，布料宜为轻柔的丝绸，配以颜色得当的雪纺围巾、花边披肩、金色鞋跟的黑丝线鞋子，再配上玉石耳环。

(四)佩戴时的注意事项

在社会生活中，由于人们所处的生活环境、工作岗位不同，各自身份、年龄、外貌、体形、气质、经济状况及活动范围各异，所以首饰的佩戴也应有所区别。在选择佩戴首饰时，要适应个人特点，充分发挥自身的长处，掩饰其短处，以达到最佳审美效果，具体应注意以下几个方面：

1. 考虑整体效果

注意恰到好处，切不可画蛇添足。比如一位身穿漂亮的无领连衣裙女士戴着发带、项链、胸花、耳环、手镯、戒指，系着精美的腰带，挎着艳丽的皮包，这么多美丽的饰物聚集在一起，效果并不好；如果她去掉其他装饰，只留下一条项链，穿着无领连衣裙，项链突出了其颈部的优美线条和洁白皮肤，强调了主要部位，这样的点缀效果则会显得更好。

2.善于灵活多变

饰品作为点缀装饰，要与服装相配。灵活多变以"流行"为主，装饰的部位应从头到脚，考虑周全，不要一味拘泥于某个部位。选择的点缀装饰物要能与各种服装款式相协调，提高饰物的适用功能。

3.注意不同场合

佩戴首饰，应与所处的环境、场合相适应。不同的场合对于首饰的质地、款式、种类等要求不同。

4.考虑经济因素

经济许可的情况下，在买项链时，最好同时买下同色系列或同质地的耳环、手镯，以便搭配使用，但不要贪图虚荣，过分追求时尚。

5.注意协调搭配

佩戴首饰的种类和形式多种多样，在繁多的饰物和戴法中，既要考虑人与环境，又要考虑整体的效果，要注意到诸多因素间的关系。协调一致的搭配、恰当的点缀，才能发挥佩饰的作用。

佩戴首饰除要注意自身特点，要与人的体形、发型、脸形、肤色及服装协调一致外，还应注意季节性和传统习惯。一般来说，由于季节不同，对于饰物的质地、色彩、形式以及佩戴取舍的要求也不同；不同地区的人，由于受风俗习惯、传统观念的影响，对首饰的质地、色彩也有着不同的喜好。

当今时代，首饰成为人们整体风采的重要点缀，与人的气质、容貌、发型、装束浑然一体，将人打扮得更加优雅美丽、仪态万方。

第三节 护理工作中的服饰礼仪

护理人员的服饰要求整洁、庄重、大方、得体，衣裙长短及松紧适度，以方便工作为原则，与工作环境和谐统一。可以根据工作对象选择服装的色彩，如婴儿室护士可以选择浅粉色衣裤，手术室护士可以选择淡蓝色或墨绿色衣裤等。护士的形象对护理对象的身心将产生直接或间接的影响。如果一个护理人员衣冠不整，即使工作能力强，也会使自己的形象在服务对象的心目中受损，从而影响护理工作的顺利开展和护理的效果及质量。因此，护理人员的着装除应遵循以上所讲的基本原则外，还应体现出护理人员的职业特点。

护士服起源于19世纪60年代，是南丁格尔首创的。20世纪初，护士服在我国开始出现，并且改为粉红色衣裙；20世纪30年代，护士服、鞋、袜、帽一律为白色；1993年，我国卫生部设计出了73款护士职业服装，款式和颜色不断翻新变革，起到色彩语言的治疗作用。

一、护士着装的基本原则

护士在工作时着装要与护士的职业相适应。端庄的仪表、整洁的服饰，会给患者带来温暖、安慰、希望。南丁格尔说过：护士是没有翅膀的天使，是真、善、美的化身。要求护士将内在的美与外在的美融合为一体，奉献给病人，增强病人战胜疾病的信心和勇气，因此，护士在工作时着装要注意下面几条原则。

（一）工作时要穿护士服

护士服不仅是职业的象征，更能体现护士群体的精神风貌。护士服的设计充分考虑了护士所从事的职业和身份，适合护士的工作环境与工作职能。护理人员工作时必须穿护士服，这是护理工作的最基本要求。护理人员身着醒目的护士服，不仅是对服务对象的尊重，而且便于服务对象辨认，同时也有利于增强护士的职业自豪感和责任感，有利于护士发挥敬业精神，更好地为病人提供优质、周到的服务。

（二）穿护士服要戴工作牌

护士身着护士服时应同时佩戴表明其姓名、职称、职务的工作牌，促使护理人员更积极、主动地为服务对象服务，认真约束自己的言行，同时也便于服务对象的辨认、问询和监督。因此，每一位护理人员都应以职业的神圣感和高度的责任心投入到工作中去，自觉地把工作牌端正地佩戴在左胸上方。

（三）护士服应整齐清洁

护士服应清洁、平整、庄重、大方、方便、适体。要求长短适宜，袖长至腕部，腰带平整，穿着时衣扣要扣齐，腰部宽松合适，内衣领边、袖边、裙边不宜露在护士服外，给人以整洁、干净、利落、明亮的整体美感。护士服不是一般的劳动保护服，它的清洁和整齐代表着护理人员的尊严和责任，显示护士职业的特殊品质；护士服统一规范的形式，体现了护理人员严格的纪律和严谨的工作作风，凝聚着护士的自信与骄傲。

（四）力求简洁端庄

护士不宜留长指甲，在工作岗位上不宜戴墨镜，不涂指甲油，不佩戴首饰，以免影响工作，使病人产生不良看法。护士在修饰仪表仪容时，要力戒过分雕琢，而应简练、明快、朴素、高雅、实用，线条自然流畅。上班时不宜在自己的发型、服装上大做文章，不可浓妆艳抹，要给人以端庄、稳重、高雅的感觉。此外，护士工作时还应注意不要涂抹有刺激性的香水，那样不仅会对病人产生不良刺激，甚至会诱发某些病人出现哮喘等过敏反应。

二、护士着装的具体要求

护士的服务对象主要是病人，着装应朴素大方、素雅协调，体现其稳重、文静与安详，以增加病人的安全感和信任感。因此，护士着装应遵循以下几点要求：

（一）帽

护士帽是护理人员的职业象征，它无声地告诉服务对象："我是一名护士，我为您的健康服务。"护士帽有两种：燕帽和筒帽。戴燕帽时，如系短发，要求前不遮眉、后不搭肩、侧不掩耳;如系长发,则要梳理整齐盘于脑后或用发网罩起,发饰素雅端庄。燕帽应平整无折并能挺立,系戴高低适中,戴正戴稳,距发际4~5厘米,用白色发卡固定于帽后,佩戴燕帽时还要按职务和职称佩戴。戴筒帽时,应前至眉弓上缘,后遮发际,将头发全部遮住,不戴头饰,缝封要放在后面,边缘要平整。

(二)衣

护士服是艺术的创造,具有很强的感染力。卫生部设计的护士服多数是连衣裙式,给人以纯洁、轻盈、活泼、勤快的感觉。护士服以白色为主,也可根据不同科室的特点,选择不同的色彩和式样,如手术室可以选用淡蓝色或墨绿色,妇产科和小儿科可选用淡粉色,传染科可选用米黄色等。护士服式样要简洁、美观,穿着合体,活动自如,方便工作,面料平挺、透气、不透明、易洗、易消毒。

(三)鞋袜

护士鞋以白色或乳白色、平跟或小坡跟能防滑为宜,鞋面清洁、无污渍。护士上班时不能穿高跟鞋、响底鞋、镂空鞋、拖鞋,也不能光脚穿鞋,不要涂趾甲油。护士袜以肉色或浅色为好,袜口不宜露在裙摆或裤脚的外面。

总之,护士着装应力求统一、合体、协调。着护士装,应当讲究系列,使衣、裤、裙、帽、鞋、袜等相互呼应,搭配协调。如白色护士服应配白护士帽,粉色护士服应配粉色护士帽,以增加整体美,使病人面对护士时有美的感受和共鸣,给病人以鼓舞和力量,促使其积极主动地配合工作,为完成各项护理工作任务打下良好的基础,从而使护理工作在高层次服务上得以开拓和发展。

三、护士的佩饰

护理独特的艺术美是通过护理人员的形象来实现的。护士要在病人面前树立良好的职业形象,除要注重自身的仪表、着装,还应注意工作中的佩饰,以给病人留下良好的印象和美好的回忆。下面介绍几种工作中必不可缺的饰物的佩戴方法:

(一)护士表

表是护士每天工作中不可缺少的常用工具,用于生命体征的测量、药物的使用、输液点滴速度的计算等。由于护士每天工作中需要多次洗手,为防止洗手水溅到表上,影响表的寿命,影响工作,所以护士表以挂表为佳。使用时应将挂表上的挂链用别针别好,佩戴在左胸前,这样护士低头或用手托起即能察看、计时,既卫生又方便。此外,护士挂表对护士服还可起到装饰作用,更能体现护士严谨的工作作风。

(二)发卡

发卡是用于固定护士帽的非装饰性饰物。护士的燕帽需要发卡来固定,发卡宜选择白色或浅色,左右对称地别在燕帽的后面,不得显露于帽的正面。护士工作期间头部不得佩戴多种或很醒目的饰物。

(三)胸卡

胸卡即护士的工作牌,它是护士工作的身份证,所以护士上岗要佩戴胸卡,并要注意保持整洁、干净。应将胸卡端正地佩戴在左胸上方,不能翻戴或插在衣兜内。此外,还应注意随时修整,最好备用一张,以便破旧、丢失时更换。

实践指导 工作服展示及训练

【目的】

1.掌握护士服的穿着方法。

2.熟悉护士燕帽、筒帽的正确戴法。

3.掌握着装的原则,恰当地设计自己的仪表形象。

【准备】

1.环境准备。教室或实训室。

2.物品准备。裙式护士服、燕帽、筒帽。

3.知识准备。复习服饰礼仪的有关内容。

【方法与过程】

1.教师示教。由教师逐一讲解穿着护士服、戴帽子的正确方法及主要事项。

2.观看服饰礼仪录像。

3.学生分组训练。两个学生一组,练习穿工作服,戴燕帽、筒帽。

【评价要点】

1.情感评价。练习时态度是否认真、严谨。

2.团队精神评价。同学之间是否互相配合、帮助、协调。

3.技能评价。护士服的穿着、护士帽的佩戴是否正确,存在哪些问题、如何纠正。

4.学习本章内容对服饰的认识。一个人的服饰、佩戴只有与自身的气质、个性、身份、年龄、职业、环境等协调一致时,才能真正达到美的境界;了解着装的基本原则及注意事项,充分发挥服装在协调人际关系、提高工作效率、体现自身价值等方面的作用。

【复习思考题】

1.何为 TPO 原则?

2.联系实际,谈谈如何使自己的装束更合乎礼仪规范。

3.着装的注意事项是什么?

4.什么是佩饰? 有哪些种类?

5.首饰的使用规则包括哪些?

6.护理人员应如何着装?

第四章　护士的言谈礼仪

护理服务的对象是各种各样的人，南丁格尔说过："要是千差万别的人都处于接受治疗和护理的最佳状态，这本身就是一门精细的艺术。"由于职业的特殊性，护士的言谈关系到病人的治疗状态，即可以"治病"，也可以"致病"。同时，言谈的内容和方式也反映出护士自身的水平、能力和综合素质。因此，护士必须掌握言谈礼仪，更好地为病人提供高质量的护理服务。

第一节　言谈礼仪的基本要求

言谈，即语言谈吐，是人们为了某种目的在一定的语境中以口头形式运用语言的一种活动。言谈，是一项十分有意义的交际活动。通过言谈，可以互通信息、交流思想、协调工作，减少沟通障碍，缩短人际距离，从而提高办事效率，促进事业发展。因此，与人交谈时，无论在什么场合都要体现文明、礼貌、诚恳、神情专注的礼仪风范。

一、语言文明规范

语言是双方信息沟通的桥梁，是双方思想感情交流的渠道。语言作为一种表达方式，在人际交往中占据着十分重要的位置，要恰当地应用语言，在交往中取得良好的效果，首先就应当提高语言的文明程度，要学会使用敬语、谦语、雅语。

（一）敬语

敬语，亦称"敬辞"，是表示尊敬、礼貌的专用词语。除了礼貌上的必需之外，常使用敬语，还可以体现一个人的文化、知识与教养。敬语主要适用于比较正规的社交场合:如与师长或身份、地位较高的人交谈的场合,与人初次打交道或会见不太熟悉的人的场合,会议、谈判等公务场合等。

常用的敬语有日常使用的"请",第二人称中的"您",代词"阁下"、"尊夫人"、"贵方"。初次见面说"久仰",很久不见称"久违",请人原谅称"抱歉",麻烦别人称"打扰",托人办事称"拜托",听人见解称"高见",请人帮助称"劳驾"等。

(二)谦语

谦语,亦称谦辞、谦让语,与"敬语"相对,是表示谦恭和自谦的一种词语。谦语最常用的是在别人面前谦称自己和自己的亲属。如称他人家舍为"朱门",而称自己家舍为"寒舍";称他人学生为"高足",而谦称自己的学生为"小徒";称他人之子为"虎子",而称自己的儿子为"犬子";称他人父亲为"令尊",而称自己的父亲为"家严"等等。自谦和敬人,是一个不可分割的统一体。尽管日常生活中谦语使用不多,但其精神无处不在。只要你在日常用语中表现出你的谦虚和恳切,自然会得到别人的尊重。

(三)雅语

雅语是指一些比较文雅的词语,与俗话相对,常用来代替一些比较随便、粗俗的话语。雅语常在正规场合以及一些有长辈和女性在场的情况下使用。使用雅语,既表明对他人的尊重,又能体现出一个人的文化素养以及高雅文明的风度。

常用的雅语,如等候客人说"恭候",探望别人说"拜访",起身离去说"告辞",招待不周说"失敬"等等。

二、态度热情真诚

一个人在交谈时所表现出的态度,往往是内心世界的真实反映。要使交谈顺利进行,就要对自己谈话的态度加以注意。具体有热情、真诚、谦恭、宽厚等。

(一)热情

热情是指对他人的一种热烈真挚的情感,一种积极主动的态度。热情待人就是把自己内心的好客之情、温暖之意,通过自己的言谈举止表现出来,让他人能够感受到人间的美好情意。但是热情不能过度,否则会让人觉得轻佻、虚假。

(二)真诚

真诚即真挚、坦诚。它是与人交谈的前提,是打开对方心灵之窗的钥匙.只有以诚相待,向对方敞开心扉,才能换取对方的信任和好感,为进一步交谈创造融洽的气氛。

(三)谦恭

谦恭是一个人良好品德的重要组成部分,谦恭必须要以真诚为基础。谦恭的人才能更多地看到别人的长处,才能更加尊重别人,从而赢得别人对自己的尊重。谦恭不等于谄媚、讨好、一味的忍让,谦恭是出于真心,发自内心,表里如一,绝不是虚情假意,故作姿态。

(四)宽厚

宽厚是指待人宽容厚道,能够容忍他人的非原则性的缺点错误。宽是“仁”的表现,宽能得众;宽厚是冷静理智、心胸开阔的表现。理解他人、体谅他人是建立良好人际关系的基础,同时也会使自己心绪平静、事理通达。

三、神情认真专注

与人交谈要学会全神贯注。保持全神贯注地交谈,是向对方传递热情、友好、尊重的信息,是消除隔阂、协调关系、促进合作的重要途径之一。神情专注地交谈体现在表情、举止上,同时还要遵守一定的惯例。在交谈中表情冷漠、目光呆滞、东张西望、摆弄衣角、翻阅书报、问时间、看手表等,都是不礼貌的行为,不利于双方的沟通交流。

(一)表情认真

表情,即一个人的面部神态、气色。人们在交谈时所呈现出来的种种表情,往往是个人心态、动机的无声反映。人们为了体现自己的交谈诚意和热情,表情上应注意以下几点。

1.目光专注

与人交谈应注视对方,或凝神思考,从而和谐地与交谈进程相配合。眼神呆滞,甚至直愣愣地盯视对方,都是极不礼貌的;目光游离、漫无边际,则是失礼之举,也是不可取的。如果是多人交谈,就应该不时地用目光与众人交流,表示自己待人平等的态度。

2.五官形态变化

在交谈时,通过五官形态的变化表达自己对对方所言的赞同、理解、惊讶、迷惑,从而表明自己的专注之情,促使对方强调重点、解释疑惑,使交谈顺利进行。

3.因人而异

与上级领导谈话,应当恭敬而大方;与群众谈话,应当亲切而温和;在秉公执法时讲话,应当严肃而认真。

(二)动作配合

人们在交谈时往往会伴随着做出一些有意无意的动作。这些肢体语言通常是自身对谈话内容和谈话对象的真实态度的反映。因此,人们有必要对自己的动作予以规范和控制。

1.适度得体的动作

发言者可用适当的手势来补充说明所阐述的具体事由。倾听者则可以点头、微笑来表示“我正在注意听”、“我很感兴趣”等信息。可见,适度得体的动作既可以表达敬人之意,又有利于双方的沟通和交流。

2.避免多余的动作

与人交谈时可有动作,但动作不可过大,更不要手舞足蹈、肢体抖动或拉拉扯扯。为表达敬人之意,切勿在谈话时左顾右盼,或是双手置于脑后,或是高架“二郎腿”,甚至剪指甲、挖耳朵等。交谈时应尽量避免打哈欠,如果实在忍不住,也应侧面掩口,并向他人致歉。尤其应当注意的是,不要在交谈时以手指指人,因为这种动作有轻蔑之意。

(三)遵守惯例

除了表情和动作之外，在交谈时人们往往可以通过一些细节来体现自己的诚意、礼貌与热忱,在这些细节的处理上要遵守一定的既成惯例。

1.注意倾听

倾听是与人们交谈的过程相伴的一个重要环节，也是交谈顺利进行的必要条件。在交谈时务必认真聆听对方的发言,并用表情动作予以配合,从而表达自己的敬意,为积极融入交谈做最充分的准备。

2.谨慎插话

交谈中不应当随便打断别人的话，要尽量让对方把话说完再发表自己的看法。如确实想要插话,应向对方打招呼:“对不起,我插一句行吗?”但所插之言不可冗长,一两句点到即可。

3.礼貌进退

参加别人谈话之前应先打招呼,征得对方同意后方可加入。相应地,他人想加入交谈,则应以握手、点头或微笑表示欢迎。如果别人在个别谈话,不要凑上去旁听;若确实有事需与其中某人说话,也应等到别人说完后再提出要求;谈话中若遇有急事需要处理,应向对方打招呼并表示歉意。

4. 注意交流

交谈是一个双向或多向交流的过程,需要各方积极参与。自己发言时要给其他人发表意见的机会,别人说话时自己要适时发表个人看法,互动才能促进交谈进行。

第二节 言谈礼仪的技巧

在日常交往的谈话中,要注意环境、场合、动作、表情、措辞、时间等多种因素的影响,才能有利于交流沟通、协调关系,提高工作质量和工作效率。

言谈是一个人礼仪修养的体现。良好的言谈交流能使人心情舒畅、利于沟通,达到最佳的交流效果;不良的言谈交流则会使人反感、破坏沟通,影响交际的成功。因此,掌握言谈交流的技巧显得至关重要。

一、创造良好的交谈气氛

谈话气氛和谐与否,直接影响谈话的效果。为了创造一个轻松愉快的谈话气氛,要从以下几个方面入手。

(一)必要的寒暄

双方见面彼此寒暄几句,有助于打破陌生感,缩短双方之间的距离感,调节气氛,增进感情,为交谈的顺利进行创造一个良好的开端。

(二)真诚的态度

谈话时要以真诚的态度平等待人。坦诚的态度能唤起人们的信任感,加深了解,增进友谊;反之,虚情假意,装腔作势,夸夸其谈,会使人生厌,还有可能失去与对方交往的机会。

(三)专注的神情

与人交谈时,目光应该坦诚、亲切、有神,特别是与陌生人交谈时,目光应该注视对方。在整个谈话过程,目光与对方接触的时间,应该达到全部交谈过程的50%~70%。

二、语言的艺术性强

语言是交谈的载体,交谈过程是语言的运用过程。语言运用的是否准确恰当,直接影响着交谈能否顺利进行。因此,在交谈中要特别注意语言的使用问题。

(一)准确

所谓准确,就是要使你的语言表达合乎规范,避免使用模棱两可、似是而非的语言。另外,语言准确还包括发音的准确、语速的适当和内容的简明。

(二)礼貌

谈话要礼貌得体,这是人际交往的基本要求。要做到:尊重对方、注意倾听;使用敬语、谦语和雅语;采用委婉的表达方式;音量、语速、语调、语气要适度控制。

(三)机智

交谈中的语言往往是临场发挥的,这就需要高度的灵活性。尤其是在各种有目的的谈判中或是针锋相对的辩驳中,对方的词锋往往或是非常凌厉,或是隐晦圆滑,或是诡辩奸诈,在这种情况下,要求谈话者要有机敏的应变能力,才能变被动为主动,战胜对方。

(四)幽默

幽默是指谈话有趣而意味深长。语言的幽默是语言的一种风格,也反映了人的性格特征。交谈时,运用幽默的语言,可以增加语言的感染力,使紧张的气氛变得轻松,使尴尬的场面变得和缓。幽默实际上充满着敏锐、机智、友善、诙谐。

(五)流畅

流畅即讲话时语言通顺,没有过多的口头语及不应有的停顿,修辞贴切,言简意赅,给人一种思路清晰的感觉。

除此以外,语言的艺术性还包括生动、亲切、简洁、博学多识等,掌握了这些语言的艺术性,你将会成为一个令人愉快的交谈对象。

三、交谈的内容及方式灵活

交谈的内容与方式是关系到交谈成败的决定性因素。所选择交谈的内容与方式往往被视为个人品位、志趣、教养和阅历的集中体现。交谈时既要遵守一定的原则和要求,又要灵活机智,才会使言谈得体、有礼,促进交谈成功。

(一)交谈的内容恰当

交谈的内容要结合不同语境、不同对象、不同内容来选择,才能有利于人们之间的良好沟通。

1.切合语境

语境即说话的语言环境,指的是说话的客观现场环境,包括时间、地点、目的以及交谈双方的身份等。在交谈内容的选择上要切合语境,主要有下面两层含义。

(1)遵守 TPO 原则:交谈内容务必与交谈的时间、地点、场合相对应,否则就有可能犯错误。

(2)符合身份:交谈者的身份也是语境的构成要素之一。交谈内容的选择一定要符合身份,并努力使自己的谈话符合我国的法律法规,不能与现行政策法规唱反调,更不能泄露国家机密。

2.因人而异

所谓因人而异,即是指人们在交谈时要根据交谈对象的不同而选择不同的交谈内容。

(1)选题适宜:谈话的本质是一种交流与合作,因此在选择交谈内容时,就应当多为谈话对象着想,根据对方的性别、年龄、性格、民族、阅历、职业、地位,选择适宜的话题。如果完全不考虑这些因素,交谈就难以引起对方的共鸣,难以达到沟通和交流的目的,甚至会出现对立的局面。

(2)求同存异:正是由于交谈各方有着不同的性别、年龄、阅历和职业等主观条件,交谈中经常会发现彼此有不同的兴趣爱好、关注话题等,这时,应本着求同存异的原则,选择大家都感兴趣的话题作为谈话内容,使各方在交谈过程中有来有往、彼此呼应、热情参与、皆大欢喜。如果选择了双方都不感兴趣或者只有一方感兴趣的话题,交谈只能是不欢而散。因此,交谈必须"求同"。

如果交谈各方在交谈中对某一问题产生了意见或观点的分歧,不妨进行适度的辩论。但这种辩论是建立在理性基础上的,如果谁也不能说服谁,就应当克制自己的情绪,保留意见,切不可为了强行说服别人而争得面红耳赤,导致交谈的各方心情不悦。因此,交谈允许"存异"。

(二)交谈的方式灵活

交谈的方式,即人们在进行交谈时所采用的具体的形式。交谈方式的选择恰当与否,对于能否正确地进行人际沟通、恰当地表达个人思想、友善地传递敬人之意都起着相当关键的作用。谈话方式主要有以下六种:

1.倾泻式交谈

就是人们通常所说的"打开窗户说亮话",知无不言,言无不尽,将所有想法和见解统统讲出来,以便让对方较为全面客观地了解自己的内心世界。倾泻式交谈方式的基本特征,是以"我"为主,畅所欲言。

采用倾泻式交谈方式,易赢得对方的信任,而且可以因势利导地掌握交谈主动权,控制交谈走向。但此种交谈方式会给人以不稳重的感觉,有可能泄密,而且还会被人误以为是在和对方"套近乎"。

2.静听式交谈

即在交谈时有意识地少说多听，以听为主。当别人说话时，除了予以必要的配合，自己主要是洗耳恭听。在听的过程中努力了解对方的思路，理清头绪，赢得时间，以静制动。

静听式交谈的长处在于它既是表示谦恭之意的手段，也可以后发制人，变被动为主动。但此种方式并非要求自始至终一言不发，而是要求以自己的只言片语、神情动作鼓励、配合对方，否则就会给人以居功自傲、自命不凡的感觉，交谈也难以进行下去。

3.启发式交谈

即交谈的一方主动与那些拙于辞令的谈话对象进行合作，在话题的选择或谈话的走向上给对方多种引导、循循善诱，或者抛砖引玉，鼓励对方采用恰当的方式阐述自己的观点。采用这种交谈方式时，不能居高临下，企图控制对方，也不可存心误导对方、愚弄对方，令对方难堪。

4.跳跃式交谈

即在交谈中，倘若一方或双方对某一话题感到厌倦、不合时宜或难以回答时，应及时地转换到另外一些较适当的、双方都感兴趣的话题上。

跳跃式交谈的长处在于可使交谈者避免冷场的尴尬，恢复交谈的顺利进行。跳跃式交谈虽可对交谈话题一换再换，但交谈者不能单凭个人兴趣，频繁调换话题，让对方无所适从。要使双方处于平等的地位，共同选择适当的内容。

5.评判式交谈

即在谈话中听取了他人的观点、见解后，在适当时刻，以适当的方法恰如其分地进行插话，来发表自己就此问题的主要看法。此种方式的主要特征是在当面肯定、否定或补充、完善对方的发言内容。

在涉及根本性、方向性、原则性问题的交谈中，有必要采取评判式交谈。采用这种方式的关键是要注意适时与适度，同时要重视与对方彼此尊重、彼此理解、彼此沟通。不应处处以“仲裁者”自居，不让他人发表观点，或是不负责任地信口开河，对他人见解妄加评论，甚至成心与他人唱反调，粗暴无礼地打断他人的谈话。

6.扩展式交谈

即围绕着大家共同关心的问题，进行由此及彼、由表及里的探讨，以便开阔思路、加深印象、提高认识或达成一致。扩展式交谈的目的在于各抒己见，交换意见，以求集思广益。

扩展式交谈方式能使参与交谈的有关各方统一思想，达成共识，或者交换意见，完善各自观点。人们在进行扩展式交谈时，一定要注意就事论事，以理服人，善于听取他人的意见，不能自命不凡、强词夺理，从而使交谈成为一件令人愉快的事情。

四、正确运用态势语言

态势语言是人们在交谈过程中，通过自己的仪表、动作、神情等来表达思想感情、传递信息的一种重要的交流工具，主要表现一个人的情绪、意向、气质和性格等非有声语言。态势语言有表达真实情感、调节维持相互关系、验证语言信息、维护自我形象等多方面的重要作用。因此，了解、掌握态势语言是非常必要的。

(一)首语

首语是通过头部活动所传递的信息。在人际交往中，首语的表达往往是人们关注的焦点。如点头，表示同意、理解；摇头，表示不同意、不理解；仰头，表示希望、渴求；低头，表示沉思、内疚等。恰当地使用首语，对人际交流与沟通的作用是不可忽视的。

(二)眼语

眼语即目光语，它是人通过视线接触所传递的信息，也称眼神。如仰视，有尊敬或崇拜之意；俯视，一般表示爱护、宽容或傲慢；正视，则体现平等公正或自信坦率。言谈过程中，目光应以温和、大方、亲切为宜，应多用平视的目光语，双目注视对方的眼鼻之间，表明重视对方或对其发言颇感兴趣，同时也体现出自己的坦诚。但当双方缄默不语，或对方失言时，不应再看着对方，以免使已有的尴尬加剧。

(三)表情语

表情语是人内心的思想感情的脸部变化，这种变化是通过面部肌肉的运动来实现的，如喜、怒、哀、乐等。但在人际交往中，表情应以喜、乐为主调。作为最基本的表情，微笑被认为是人类最美好的语言。

微笑可以表现出人们的温馨与亲切，能有效地缩短双方的距离，给对方留下美好的心理感受，从而形成融洽的交往氛围，反映出个人良好的修养、待人的真诚。微笑的魅力还表现在它可以使强硬者变得温柔，使困难变得容易。微笑是人际交往中的润滑剂，是广交朋友、化解矛盾的有效手段。

(四)手势语

手势语是通过手和手指活动所传递的信息。手势作为信息传递的方式，在日常交际中使用频率很高，范围也较广泛。人们常常以拍桌子表示“愤慨”，捶胸表示“悲痛”,不停地搓手表现“为难”,竖拇指表示“称赞”,伸出小指表示“轻视”等,这些手势语增强了表情达意的情感色彩,使语言更富有感染力。

(五)界域语

界域语是交际者之间以空间距离所传递的信息,它是人际交往中一种特殊的无声语言。交往中应注意与交往对象保持一定的距离。距离不同,亲切程度不一样,如夫妻、情侣的交往距离为 0~45 厘米,即所谓的亲密无间;朋友、熟人之间为 46~122 厘米;在社交、谈判等场合,一般在 122~317 厘米的距离。

五、掌握聆听的艺术

聆听是捕捉信息、处理信息、反馈信息的需要。一个好的聆听者应当善于通过交谈捕捉信息。听比说快,听者在聆听的空隙时间里,应思索、回味分析对方的话,从中得到有效的信息。

在人际交往中,不少人口中所道并非肺腑之言,他们的真实想法往往隐藏起来。所以在聆听时就需要刻意品味对方话中的微妙情感,以便正确判断其真正的意图。在聆听对方谈话时,应注意做到以下几点。

(一)耐心倾听

耐心倾听即对对方的感觉和意见表示出极大的兴趣,并且积极努力去听,不能随意打断对方。有时,谈话并不是一下子就能抓住实质,应该让对方有时间不慌不忙地把话说完,即使对方为了理清思路,做短暂停顿,也不要打断他的话,以免影响他的思路。

(二)体察感觉

一个人感觉到的往往比他的思想更能引导他的行为,如不注意别人感觉的真实面,就不会实现彼此的沟通。体察感觉,意思是指将对方话中隐含的情意复述出来,表示接受及了解他的感觉,有时会产生很好的效果。

(三)全神贯注

聆听时不要做无关的动作。对方谈话时,不要东张西望,或低头只顾做自己的事情,或面露不耐烦的表情,这些都是不礼貌的表现,都会使对方产生反感。必要时可以简要地复述对方的谈话内容,并请他纠正,这样将有助于对对方谈话内容的准确理解。

(四)反应冷静

一个善于聆听的人,总能控制自己的感情。过于激动,无论对讲或听的人来说,都会影响表达或聆听的效果,要注意语言以外的表达手段。一个人所表达的内容,并不一定都在他的话语中,因此在聆听对方谈话时,还要注意对方的声调、态度以及表情、动作等,以便充分了解对方的意思。

(五)抓住主题

不被个别枝节所吸引。善于聆听的人,总是注意分析哪些内容是主要的,哪些是次要的,以便抓住问题的实质,避免造成误解。

(六)综合分析

我们在听人说话的时候,必须仔细地去把握对方说话的内容,从他的声调、神态中,领会讲话的精神。要认真细心地听,并进行分析、整理、揣摩、研究,寻找恰当而有力、明确而动人的词句,更完善地理出自己的思路,及时准确地了解对方谈话的本意。

第三节　言谈的注意事项

言谈是一个人礼仪修养的体现，交谈语言的文明程度也是其道德品质的标志。无论在家里、公共场所还是社会其他场所,都要体现文明礼貌、真挚坦诚、平等和谐的礼仪风范。因此,在言谈中必须注意以下几个方面。

一、掌握语言特征

在言谈交流中,语言的表达,对于彼此各方的交流沟通是非常重要的。要使交流能够顺利进行,首先要掌握语言的一些基本特征。

(一)语言的科学性

科学性体现在语音、语义与语法的规律性方面。语音是首要的。语言的本质是声音,而且发出声音是让他人听的。既要听,就让人听清听懂,才能交流思想与情感,应使用普通话语系,不要使用方言,免得他人听不懂或听不清。不过,遇见同乡,适当使用方言也是便于工作的。语义要使用准确,言能达意,明晰朴实,不附加更多定语与形容词。讲话要口语化,不要文章化,不然会让人听得很费劲,影响交流。语言交流应符合语法要求,而且要有系统性与逻辑性。要注意语言简洁精练,这样才能提高工作效率。

(二)语言的情感性

语言要富有情感性,首先取决于谈话者的情感控制与调节。交谈时,应激发自己的情感,使之处于愉快而冷静的心境之中,才能产生同情他人、信任他人、尊重他人的情感与情绪。切不能把因个人生活或家庭中的争执纠纷带来的不良心境,延迁到工作情境中,向交谈者发怒发泄。

其次,一般要求语言的声音要轻一些、语气要温和一些、话语速度要慢一些,并且要适当配合动作和表情,这样也才能显现出温文尔雅和对交谈者的体贴关心之情。

(三)语言的道德性

1.严肃性

是指语言的情感表象应具有一定的严肃性。要使人感觉到说话的人端庄大方而又高雅,在温柔的语态中体现出自身的尊严。相反,说话声调娇滴滴或者很粗鲁,手脚动作太多,矫揉造作,都是不严肃的表现。

2.文明性

主要是指语言在内容上应具有文明性,不得说粗鲁、下流、庸俗、污秽的话;不涉及非议他人,尤其不应谈论他人的是非,以免破坏团结。

3.保密性

例如护士同病人谈话的内容范围要严格注意保密。涉及党政军高级干部的病情固然要绝对保密,就是普通病人的病情也要保密,不要向无关的人透露。如对癌症的诊断、突变的化验结果,重大诊治措施的决定等,护士都应因人而异,守口如瓶。在交谈时还应注意不能乱开玩笑、乱起绰号、言而无信、恶语伤人、随便发怒、传播是非等等。

二、注重礼貌用语

在人际交往中,是否尊重别人或被别人尊重,标志着一个民族的文化素养和社会的进步程度。这种尊重体现在语言中,便是礼貌用语。我国有丰富多彩的礼貌用语,经常使用的有以下几种。

(一)称谓语

称谓语是指见面时的招呼用语。在社交语言中,称谓语是"先行官",它能反映人与人之间的特定关系,反映你对他人的尊重程度。在社交中,人们对称呼是否恰当十分敏感,尤其是初次见面,称呼往往影响交际的效果。对各种身份不同的人在称谓上有严格的规则:如对德高望重者称之为"先生"、"前辈"等;对职位显赫者常以其职位相称,如"局长"、"经理"、"主任"等;一般在公共场合中称人为"同志",它不分年龄、职业,也不分是新知还是故友,称同志既严肃又不失礼。改革开放以来,"先生"、"女士"的使用日渐增多,为我国的称谓语增添了新的内容。称谓语的使用,可以使双方的关系、身份比较明确,方便交谈和融洽感情。

(二)问候语

问候语是人们见面时常用的一种寒暄语,诸如“您好”、“早上好”、“晚上好”等。这种问候语简单明了,听起来亲切、自然。初次相识,说一声“您好”、“见到您很高兴”等,就可以消除人们之间的陌生感,使关系很快地融洽起来。恰当地使用问候语,不仅能让人感到舒心、温暖,还可以缩短人与人之间的情感距离。另外,在使用问候语时还应注意自己的语气和音调。

(三)祝贺语

祝贺语是指节日或别人有喜庆之事时的用语。祝贺语大都由庆祝的内容而定,如“祝您节日愉快”、“祝您生日快乐”、“恭喜发财”、“祝比赛获奖”等。恰当地使用祝贺语,既能增添喜庆气氛,又可以表达良好的祝愿,为合作成功和建立友谊奠定良好的基础。

(四)感谢语

感谢语是指得到别人的帮助时的致谢用语。只要得到了别人的帮助,不论帮助大小,都应该真心实意地致谢,如“谢谢,麻烦您了”、“非常感谢您的帮助”等。使用感谢语,可使对方感觉到自己的一番好意,被别人心领了,而且得到了回报,因而非常愉快。在说感谢时,应该以热情的目光注视对方。

(五)道歉语

所谓道歉就是把自己内疚的心情说出来,求得对方的谅解。人生在世,孰能无过?如果你的行为给别人带来了麻烦和不便,或在人际交往中言行举止有所失礼的时候,应及时地向对方表示歉意。诸如说“请原谅”、“对不起,打扰您了”、“请多多包涵”等。自己有过错时,使用道歉语,对消除隔阂、弥补感情上的裂痕或增进友谊有积极作用。敢于道歉是胸怀开阔、虚怀若谷的体现,切不可因顾及尊严和面子,而对自己的失礼言行漠然处之。

(六)征询语

征询语是指征求他人意见时的用语。在有些情况下,直接表达自己的想法和意见,可能使对方无法回答或不好接受,使用征询用语,既能表达清楚自己的意思,又能给对方留出选择余地,从而能获得较满意的效果。比如“我能为您做点什么吗”、“您对我的看法有意见吗”、“如果没有什么不便的话,我看看可以吗”、“您不介意的话,能给我一张名片吗”等等。

(七)推托语

推托语即推辞、谢绝时的用语。人际交往中,人们总会遇到一些为难的事情,不得不使用推托语进行谢绝,但使用推托语言时,一定要注意语言的礼貌性。如“对不起,让您失望了”、“很抱歉,我实在无能为力”、“您的一番心意我领了,但东西我不能收”等。如果推托语使用恰当,即便是对方被拒绝,仍能觉得你是一个通情达理的人,也不至于伤了彼此间的感情。

(八)告别语

告别语是指与人会晤或拜访他人结束与对方分别时所用的礼貌用语。如“占用您这么长时间,真不好意思”、“不早了,您该休息了”。告别时最好用简洁的语言把此次会面概括一下,如“认识您很高兴,来日方长,有机会再来拜访”。使用告别语可以进一步强化已经形成的良好关系,给人留下深刻的印象。

总之,礼貌用语是建立良好人际关系的基础,使用礼貌用语,可以使社交场合变得友好、融洽,也可以使人与人之间的关系更加和谐、亲切。

三、选择恰当的话题

交谈时,选题内容是否恰当,是沟通成功的重要因素。恰当的话题会给人以启迪和教育,不当的话题会使人觉得无聊甚至反感。因此,在选择谈话内容时,要根据谈话对象,选择恰当的内容。通常应遵守以下几条原则。

(一)选择高雅的话题

交谈时,应当自觉地选择高尚、文明、高雅的内容,例如哲学、历史、地理、建筑、文学、艺术,以及政策国情、社会发展等话题。不宜谈论庸俗低级的内容,更不应参与道听途说的小道新闻的传播。

(二)选择轻松的话题

在交谈时,要有意识地选择那些能给交谈对象带去开心与欢乐、富有情趣的轻松的话题,例如文艺演出、时装表演、美容美发、电影电视、旅游观光、名胜古迹、烹饪小吃等话题。不宜选择那些让对方感到沉闷、压抑、悲哀、难过的内容。

(三)选择擅长的话题

交谈的内容应当是自己或者对方所熟知的、有研究的、有兴趣的内容。选择自己所擅长的内容,就会在交谈中驾轻就熟,得心应手,并令对方感到自己谈吐不俗,对自己刮目相看。选择对方所擅长的内容,则既可以给对方发挥长处的机会,调动其交谈的积极性,也可以向对方表达谦恭之意。

(四)回避忌讳的话题

每个人都有自己忌讳的话题,因此在交谈时务必注意回避对方的忌讳,以免引起误会。例如不干涉对方的私生活,不询问对方单位的机密事宜等。

四、学会适时赞美

赞美他人是为人处世应具备的基本素质。赞美具有不可估计的力量,它能缓解矛盾、消除误会、激励他人,使人们友好相处、加深感情和友谊。赞美是新型人际关系的开始,是人际交往的润滑剂。护士应善于赞美病人,发现病人的优点和长处,及时赞扬鼓励。以体现出对病人的真诚和关心,使病人感到温暖,树立战胜疾病的信心。赞美他人的方法常用的有以下几种。

(一)直接夸奖法

毫不掩饰地直言表达自己对别人的钦佩,如“你的身体素质真好”、“你真了不起”、“你真是个心地善良的人”等等。这种赞美,使人更具有自信心和进取心。

(二)目标赞美法

赞美别人时,给对方树立一个目标,激励对方增强信心,坚定信念,并为此目标而奋斗。有位老师在课堂上表扬学生:“某同学学习认真刻苦,成绩优异,希望有更多的学生像他一样,用功读书,将来能考上硕士生、博士生。”后来,这位学业有成者非常感激老师。这种赞美,会激励他人奋发进取。

(三)肯定赞美法

当你考试很好、比赛得奖时,非常渴望别人的赞美和肯定,这时候得到的赞美会使人终生难忘,并更加努力进取。

(四)反向赞美法

把指责变成赞美,让对方在赞美声中意识到自己的缺点和不足。如学生考试成绩不太理想,老师可以安慰说:“不要难过,你已经尽力了,这次没考好,原因很多,下次你一定会考好的。”学生听了会更加努力。

五、注意把握分寸

交谈时要注意察言观色。有时对方对所提的问题避而不答或怒而不睬,遇到这样的情况就应及时将话题引到对方感兴趣的方面,缓和一下气氛。等对方心情舒畅时,再选择新的角度提出问题,这样才容易得到和谐的谈话氛围。

(一)适时发问

发问可以引导交谈按照预期目的进行,调整交谈气氛。由于人的认识水平、所处的社会环境不同,交谈中必须仔细观察,了解对方的身份,把问题提得得体,不唐突、不莽撞。精妙地提问能够使提问者获得所需要的信息、知识和利益,并且能够证明提问者十分重视对方的谈话,从而激起对方的兴趣,向提问者提供更多的信息。

(二)自己少讲

交谈中最忌讳的就是一方滔滔不绝地高谈阔论,一味地说教,借题发挥地炫耀自己。交谈时要注意以平等的态度礼貌待人,应设法使在座的每一个人都有机会参与谈话,这是对人的一种理解和尊重,因为无论在座者的身份、地位如何,性格、爱好如何,都希望别人不要忽视他。

(三)巧用暗示

暗示是指个体不加评判地接受某些观点、语言、情感或动作,从而导致自己的感觉、思维、观点、情感、行为方式等发生变化的心理现象。暗示法可以通过人的语言、行为、手势、表情等实施。暗示方法有直接暗示、间接暗示、自我暗示、图像暗示等。

第四节　护理工作中的言谈礼仪

护理人员在临床实践的全过程中,都离不开同病人交谈。只要交谈,凡语言的刺激就会作用于病人,不起治疗作用,便起致病作用。通过言谈,给病人以启发、开导、劝说、鼓励,用科学的解说解除病人的精神负担和顾虑,便是发挥了语言的"治疗"作用,收到药物不能及的效果。反之,言谈不当,则可能导致疾病或加重疾病。因此,护理人员应掌握语言艺术,提高交谈的艺术修养,自觉地运用言谈技巧愉悦病人的身心,以利于病人的康复,保证护理质量的提高。

一、护士言谈礼仪的原则

现代护理模式要求护士对病人实施全方位的整体护理服务,善于根据病人不同的心理特点,自然、适度地与病人进行交流,给予病人安慰、鼓励,增强其战胜疾病的信心和勇气。语言上要注意科学性、艺术性、保密性相统一的原则,灵活使用语言,在病人心目中树立护士亲切、文明的美好形象,减轻病人的心理压力,建立起友好、合作型的护患关系,以获得理想的护理效果。

(一)神态认真专注

对病人说话或听病人说话时,要注视对方的眼睛或面部,以表示真诚地倾听病人的说话，同时，这也是尊重对方的表现。交谈中不同的神态往往表示不同的意义，如不敢直视对方，是羞怯的表现；有意不注视对方，是冷淡的表现；面无悦色的斜瞅，是鄙视对方的表现；凝眸对方而眉飞色舞的微笑，是轻浮的表现；只注意手中活计不看对方说话，是怠慢的表现；看完病人后突然一笑，是讥讽的表现；当病人伤感时突然皱眉，是同情对方的表现；伴随病人一起微笑，是会意的表现。总之，护理人员应用期待、善意、友好的目光注视病人，营造一种融洽、和谐的交谈氛围。（见图4-4-1）

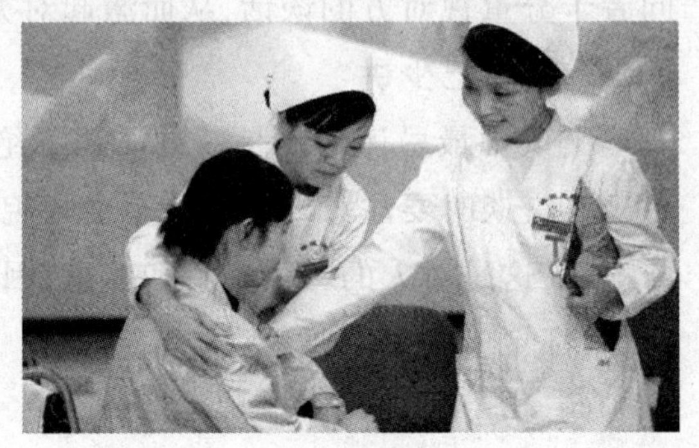

图 4-4-1

（二）适时反馈

听病人说话时，不要随意发笑，也不要频频点头赞同，因为这些行为是轻浮与虚伪的表现。当然，稍加赞同与附和病人的讲话内容，微微点头表示同意也是可以的。病人正在说话时，护理人员不要随意插话打断病人谈话，无意中插话或有意出言制止病人说话，都是极不礼貌的举动，极易损伤病人的自尊心。一定要听完病人的话后，再讲话，才显得稳重有礼。当病人有不满时，要向他解释；当病人担忧时，要出言劝慰；当病人诉说苦衷时，要表示同情；当病人悲痛欲绝时，要好言安抚；当病人受挫折时，要婉言疏导。总之，病人能够把话说出来并且说完，心里才舒畅。护理人员应根据情况对病人说一些宽慰的话，使病人得到最大的心理满足。

（三）灵活应对

遇到交谈困难的人，要灵活对待。对听力差的病人，说话时可以靠近病人耳朵或说话声音大一些，而对一般病人就没有必要咬耳贴腮、高声疾呼了；对说话困难的人，要耐心、细心倾听，切不可表示不耐烦或反问他（如“你说什么”），更不可讥笑病人或重复学病人口吃的发音；对过于羞怯的病人，不要当众取笑逼迫他同你交谈；对胆小的小孩，要用童腔与他谈话；对有口鼻疾患、说话困难而又有恶臭气味的病人，护理人员不要回避，不得有半点儿厌烦情绪。

（四）目的明确

护理人员在同病人谈话时，要注意观察病情、寻查病因、实施治疗、了解思想、接受建议、征询需求等，要有目的性地谈话，不要单纯地闲聊，交谈中随时注意病人的反应。急病人之所急，想病人之所想，从病人的角度感受和理解，取得病人的信任，以获得完整的第一手资料。

(五)一视同仁

在选择谈话对象时,要不分性别、不分年龄、不分美丑地同样对待,要同样亲切、热情。切不可对异性青年、穿着华丽、长相漂亮、能说会道的病人就亲近,而对年老体弱、穿戴朴实、相貌丑陋、生性寡言的病人就疏远。对病人一视同仁、平等相待是道德高尚的具体表现。

(六)互相学习

同病人谈话是一个学习机会。通过谈话,可以学到病人在说话过程的音调、用词、语言表达及外部表情等技巧。同时,同病人交谈可以增长知识,受到启发与暗示,以促进自己心理的发展。

二、护士言谈礼仪的要求

语言交流是护士与病人进行交往最基本、最广泛的沟通方式,也是护士与病人之间思想、情感沟通的桥梁。因此,在护理实践中护士的言谈除了遵守言谈礼仪的原则外,还应注意以下两点。

(一)语言表达科学

护理人员的语言一方面要表现出对病人善意的关怀与同情,另一方面还要注意语言的规范性及科学性。要从语音、语义、语法三方面加以训练。

1.语音清晰、声调优美

说话的目的是要让对方听清楚、听明白,才能达到交流的目的。因此,护理人员在工作中要使用普通话,并做到发音准确清晰、音调柔和适中。同时,还要努力掌握当地方言,以排除交谈中的障碍,体现对病人的关心体贴,使病人产生信赖感。

2.语义准确、内容精练

在交谈时最基本的一点就是要让他人准确无误地听懂自己的发言。护理人员在向患者解释、交代问题或进行卫生宣教时,尽量用通俗易懂的语言,表达要准确,语句要精练,避免使用医学术语,以免引起病人心理不安甚至误解。

3.语法正确、合乎逻辑

护理人员在交接班、汇报工作或向病人交代问题时,要把事情发生的时间、地点、过程、变化、因果关系等叙述清楚,概念层次清晰,语言合乎语法逻辑。避免使用容易混淆、模棱两可或产生歧义的用语,以免发生误会。

(二)注重交谈艺术

护理人员在同病人交谈时,要根据不同的对象、不同情境、不同问题选择谈话的内容与方法,不能漫无目的地滥说。谈话内容要充满教育性,主要围绕安心住院、服从治疗、配合医护、遵守院规交谈。

1.谈话开头的艺术

年轻的护士或实习护士初次接触病人时,不知说什么好,显得尴尬与腼腆。怎样开口同病人说话呢?当见到病人时,话未出口先要微笑;然后,可以从询问姓名、入院时间、有何不适等开始,随情境找话题,说一些可以使病人感到宽慰的话。交给病人新到的信件、报纸,告知电影消息等,都是交谈的机会;也可以从询问病情的转归、饮食的好坏、服药的效果与反应开始交谈。总之,开头说话要随机应变,不可千篇一律、生搬硬套,像背台词一样。

2.诱导交谈的艺术

诱导病人说话,既是一种语言艺术,又是掌握心理规律的艺术。护理人员的心境必须是冷静而积极的,态度必须是诚恳而和蔼的,注意力必须集中于病人的面部和讲话内容,表示你很愿意听他讲话。当病人讲到一个段落时,可以用"唔"来反应,以表示听到或听清了他的讲话;也可以用"噢"来回答,表示探究与期待;还可以在说话间歇中作简短的提问,病人会觉得你喜欢听他讲话,并可以把话题引向预定的方向。要注意,期待不是催促,探究不是猎奇。有的病人说话口干,及时给他递一杯水,可以鼓励他继续交谈。有的病人说话过于激动(如哭泣),适时给予安慰,可以引导他继续说话。

3. 谈话结束的艺术

要想结束谈话,应在病人的话题告一段落时,说一些安慰体贴的话,如劝病人"该休息一会儿了,以后有机会再继续谈吧"或者"好吧!这次就谈到这里,以后再说好吗";也可以把话题引向较短的内容,作简短交谈后,再结束谈话。不应突然中断谈话,更不应在冷场之后,无缘无故地离开病人。

实践指导　言谈礼仪训练

【目的】

1.学会在护理工作中护患交流的方法,与病人进行有效的沟通。

2.熟悉言谈礼仪的要求和言谈技巧。

3.了解言谈的注意事项。

【准备】

1.环境准备。教室或实训室。

2.知识准备。复习本章言谈礼仪内容。

【方法与过程】

1.观看多媒体教学片。

2.分组训练。组织学生分组练习,日常生活中经常使用的礼貌用语;设置情境、角色,扮演护士与医生,运用言谈礼仪要求进行入院接待询问病史。

【评价要点】

1.情感评价。练习态度是否热情、诚恳、亲切,是否有微笑服务。

2. 团队精神评价。小组成员之间配合是否顺利,角色分配是否合理,训练过程是否有序进行。

3.能力评价。交谈内容是否合乎礼仪要求。

4.创新评价。语言表达是否新颖、有创意,思维能力、文化修养是否提高。

【复习思考题】

1.在日常生活中,如何使用敬语、谦语、雅语?

2.经常使用的礼貌用语有哪些?

3.言谈技巧包括哪些方面?

4.交谈时常用的态势语有哪几种形式?

5.言谈交流中有哪些注意事项?

6.护理工作中与病人谈话时要掌握哪些原则?

第五章 护士的行为礼仪

行为举止是人们在日常活动或交往过程中所表现出的各种姿态。俗话说“站有站相,坐有坐相”,就是对人的行为举止的要求。一个人的行为举止是否规范得体,直接反映人的内在素养,也影响他人对自己的印象和评价。可以说,行为举止是一面折射镜,能使人既见其外又窥其内。

拥有温文尔雅、姿态万千的举止是现代人文明形象的重要标志,在人际交往中,人们的举止都应符合约定俗成的行为规范。一个人的行为举止是否规范得体、优雅端庄,不仅可以展现人类所独有的形体美,还直接反映人的内在素养,也影响他人对自己的印象和评价。这就要求我们在日常生活和工作中不断调整、训练自己的举止,从基本的站、坐、行、蹲、点头、招手、握手、鞠躬、合理避让等做起,以塑造自己美好的形象。

第一节 站姿

站姿,亦称立姿、站相,是人们在站立时所呈现的一种静态姿势。正确的站姿能充分显示出一个人的自尊自信,是培养其他美仪美姿的起点和基础。优雅的女士站姿应挺直舒展,“亭亭玉立”,给人以端庄大方、气质高雅的印象;标准的男士站姿应挺拔稳定,“站如松”,给人以坚定沉着、气宇轩昂的印象。

一、基本站姿

基本站姿的要领是身体平稳,纵向挺拔,横向收紧。身体平稳是指站立时重心放在两脚之间，躯干与地面垂直，不可左右摇晃；纵向挺拔是指头颈、胸背、腰臀、双膝应向上拔伸，使整个身体有拔高感；横向收紧是指腹臀、双腿向内收紧，肌肉有收缩感。

具体做法是：站立时，头正颈直、下颌微收、双目平视、面带微笑；两肩相平、微微下沉、向后舒展、打开胸腔；直背立腰、收腹收臀；两腿相靠，肌肉有收缩感，两膝相并、向上用力，双脚并拢；两臂和手自然下垂于身体两侧，手指自然弯曲，掌心向内。（见图 5-1-1）

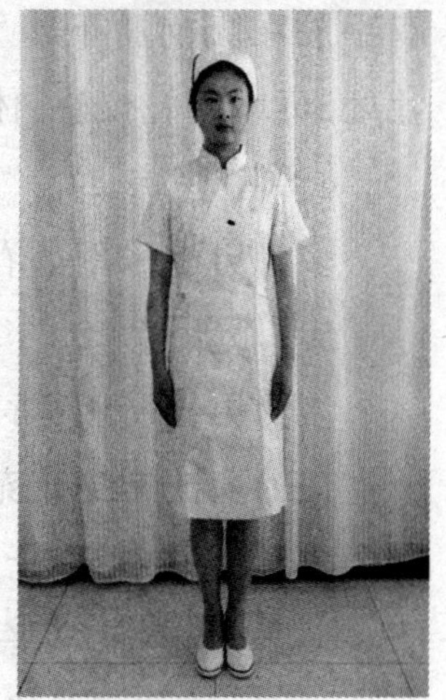

图 5-1-1

二、常见规范站姿

（一）常见规范站姿的脚位

1."V"字步

男女皆宜。取基本站姿，两脚跟并拢，脚尖分开约一拳距离，两脚间的夹角约为 45°，呈"V"字形。

2."丁"字步

多为女士采用。取基本站姿，将一只脚的脚跟放在另一只脚的内侧中点，两脚所成的角度为 90°，即为大"丁"字步；在此基础上调整角度，将一脚内收，使两脚所成角度为 45°，即为小"丁"字步。可右脚在前，也可左脚在前，身体的重心应放在两只脚上或是位置居后的那只脚上。一般小"丁"字步显得更为优美，较为常用。

3.平行步

多为男士采用。取基本站姿，两脚并拢后，左脚向左侧横迈半步，两脚平行分开，间距约为 20 厘米左右，不得超过肩宽。身体重心放在两条腿上。

（二）常见规范站姿的手位

1.双手垂放

男女皆宜。两臂自然垂放于身体两侧，手心向内，手指微曲。

2.单臂屈肘

男女皆宜，常配合"丁"字步使用。将一侧手臂屈肘后抬至腰际，手心向内半握拳，抬起的手不得超过衣服中线，另一手臂则自然垂放于体侧。

3.双手相握

多为女士采用。双手自然并拢后虎口交叉相握，一般右手在上轻握左手，左手被握后不得超出右手的外侧缘，双手拇指自然弯曲向内，不可显露于外。可以将相握的双手放在腹前脐下 1 寸处，显得亲切恭敬；也可放在中腹部，高度平脐或是脐上 1 寸处，可增添礼仪感，体现女士的高雅气质。

4.单手握腕

多为男士采用。右手握住左手腕上方，自然放置于腹前或背后，显得从容自信。

5.单手后背

多为男士所用，常配合“丁”字步。将一侧手臂后背，另一手臂自然下垂于体侧。

(三)女士常见规范站姿

人际交往中，女士站立时应表现出精神饱满、轻盈舒展、娴静典雅的气质美。

一是，双脚呈“V”字步或小(大)“丁”字步，双手自然下垂于身体两侧。

二是，双脚呈“V”字步或小(大)“丁”字步，双手相握后放于腹前脐下 1 寸处。(见图 5–1–2)

三是，双脚呈“V”字步或小(大)“丁”字步，双手相握后放于脐上 1 寸或平脐处。(见图 5–1–3)

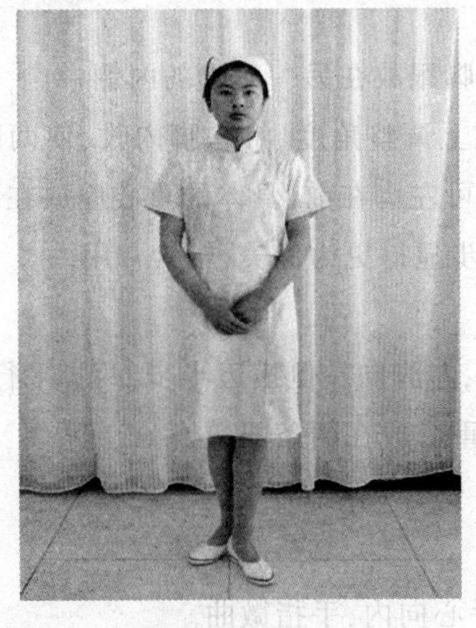

图 5 –1–2

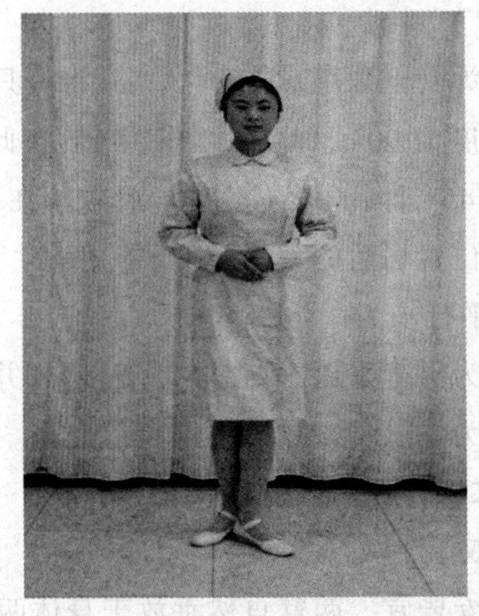

图 5–1–3

(四)男士常见规范站姿

人际交往中，男士站立时应表现精神抖擞、刚毅稳健、潇洒俊朗的风度美。

一是，双脚呈“V”字步，双手垂放于身体两侧或双手自然放置于背后。

二是，双脚呈平行步，右手握住左手腕上方，自然放置于腹前或背后。(见图 5–1–4、5–1–5)

三是，双脚呈大“丁”字步，同侧手臂单臂屈肘半握拳后抬至腰际，抬起的手不得超过衣服中线，另一臂则自然下垂；或是将同侧手臂后背，另一手臂自然下垂于体侧。

图 5-1-4

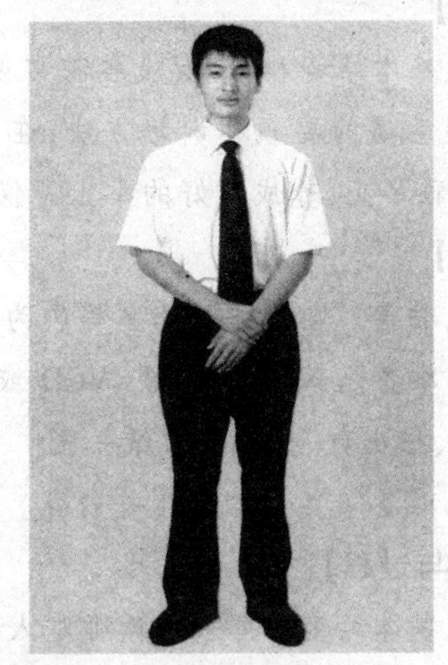

图 5-1-5

人际交往中，站姿还应与场合相适应。在升国旗、接受奖励、致悼词等庄严隆重的场合，应采取基本站姿，规范标准，庄重严肃。在迎宾、接待或侍应会议过程中，如站立时间较长，可双腿分开平行站立，但两脚间距不宜超过肩宽；主持活动时，女士站成“丁”字步，显得更为优美。

三、禁忌站姿

(一)身不正直

站立时身体端正是站姿的基本要求。不可耸肩驼背、含胸凸腹、东倒西歪或倚墙靠壁，不停摇摆或频繁变动体位。

(二)手脚随意乱动

站立时手脚应安稳规矩，不可随意乱放，如双手叉腰、环抱胸前、放于脑后；不可随意乱动、玩弄衣物、抠刮指甲、乱点乱画；不可双脚踢来踢去、用脚勾东西、随意脱鞋等。

(三)自由散漫

站立过久时，应避免随意扶、拉、倚、靠、爬、趴、踩、蹬、跨等不良姿势。可采用平行步，适当叉开双腿，但不可叉开过大或双腿交叉，女性尤应避免；条件许可时，可坐下休息。

实践指导　站姿训练

【目的】

1.掌握基本站姿和男、女士各种常见规范站姿。

2.掌握站姿的要领和训练方法,在日常生活中不断加强学习训练,塑造优美体态,培养优雅举止,养成良好的举止礼仪习惯。

【准备】

1.场地准备。在形体训练室等较为宽敞的室内。

2.物品准备。落地镜、电视、VCD 或是录音机、音乐带、卡片;要求学生准备护士服、护士帽、护士鞋、书本及白纸一张。

3.知识准备。复习本节相关内容。

【方法与过程】

1.示范基本站姿。可采取教师本人演示或播放教学光盘、课件等形式,详细讲解基本站姿和各种男、女士常见规范站姿的动作要领和注意事项。

2.分组训练。学生 6~8 人一组,按照基本站姿和各种常见规范站姿的要求,针对训练要领反复练习。训练时配上轻松愉快的音乐,可增添训练的趣味性、减轻疲劳感。各种训练均应在镜前完成,便于同学观察纠正自己的姿态,教师应予以评价指导。再组织同学以小组为单位,在音乐的伴随下,进行学习效果展示,由师生共同评价。

第一步　训练规范性

(1)基本站姿训练:让学生按照基本站姿的要求对镜站立,检查自己的站姿及整体形象是否符合标准,然后针对下述要点反复练习。

一是保持正确体态,使身体正直、重心平稳,能自然地改变站立姿势;二是准确把握下颌微收的幅度,使之与颈部约呈 45°,并注意面部表情,要体现精神饱满、心情愉悦;三是掌握挺胸、收腹、直腰、提臀等方法,达到身姿挺拔的效果;四是训练正确的脚位,注意两脚的位置及其间距;五是训练手部位置与手部姿态,使整个体态和谐一致、规范自然。

(2)各种规范站姿训练:让男女生对镜站立,根据教师的指示不断变换各种规范站姿,直至熟练掌握,灵活自如。训练过程中应及时发现并纠正存在的问题。

第二步　训练耐久性

训练站立耐久性是保证站姿标准和体形优美的基础, 也是对个人毅力的考验,使之能适应较长时间站立的需要。要求同学按照基本站姿要求，集体站立3~5分钟，总结感受。课余训练时，可视情况逐步延长时间。

第三步 强化训练

下述训练方法均可培养站姿的规范性、稳定性和持久性，课后应勤加练习，并视进度逐步增加训练时间。

(1)顶书训练：站立时，将书本放在头顶上，面带微笑，目视前方。为保持头部与躯体的平衡，使书本不致掉落，颈部会自然挺直，下颌内收。借以矫正头颈部的不良姿态，如低头、仰头、缩脖、伸脖、歪头、晃头及左顾右盼等。

(2)夹纸训练：按基本站姿站立，将一张白纸或一本薄书夹在两膝之间。为使纸张或书本不致掉落，受训者必须始终保持双膝并拢、双大腿内侧肌肉收缩，可锻炼腿部肌肉、美化腿部线条、培养良好的站姿习惯。

(3)靠墙训练和背靠背训练：靠墙训练又称九点贴墙站立。训练时，背靠墙壁站立，使枕部、两侧肩胛骨、臀部、小腿肚和足跟紧贴墙面，全身肌肉绷紧；背靠背训练，是指两人一组，背靠背站立，使双方的枕部、肩胛骨、臀部、小腿肚、足跟紧贴。这两种训练可以使后脑、肩臀部、小腿、脚跟保持在同一水平面上，以此纠正错误的站立体态，塑造美丽身姿。在训练中，为检验和强化效果，可在身体与墙壁相靠处或两位训练者身体相靠处各放一张白纸，在训练过程中以白纸不掉落为标准。

【评价要点】

1.技能评价。能否掌握基本站姿和各种规范站姿的要领，是否合乎标准，还存在哪些问题。

2.情感评价。训练过程中是否严谨认真、精神饱满、面带微笑。

3.协作评价。同学们是否积极参与、互帮互助、合作融洽。

第二节 坐姿

坐姿是人们在日常生活、学习工作及社交应酬中应用最多的一种姿势，从就座、坐定、离座的动态过程中可以展现出一个人的举止文明、内在涵养、礼仪修养以及体态美感。

一、基本坐姿

基本坐姿的要领是靠前就座，上身直立，呈三个 90°角，端坐如钟。就座时应坐在椅面的前 1/2 或 2/3 处，同时尽量保持上身挺拔直立，侧面观察上身与大腿、大腿与小腿、小腿与地面呈现出三个自然的 90°角。这种坐姿使尾椎骨和左右两侧坐骨共同分担了上半身的体重，不易造成腰酸背痛，同时有助于塑造美丽的体形。

具体做法是：落座后，上身挺直。头部端正、颈项挺直、下颌微收、面带微笑、目光柔和平视前方；两肩平正下沉后展、挺胸收腹、直背立腰、重心平稳，呈三个 90°角。女士双腿正放，双膝、双脚自然并拢，双手叠放在一侧大腿上或手臂弯曲，两手掌心向下分别放在大腿近膝处。男士双腿、双脚自然分开并与肩等宽，手臂弯曲，两手掌心向下分别放在大腿近膝处。这种坐姿则像座钟般端直，体现出文雅大方、端庄稳重的自然美感。

二、常见的几种坐姿

(一)正襟危坐式(基本坐姿)

适用于正式场合。落座后呈现三个 90°角，女性双膝双脚完全并拢；男性双膝、双脚分开，与肩等宽。(见图 5-2-1、图 5-2-2)

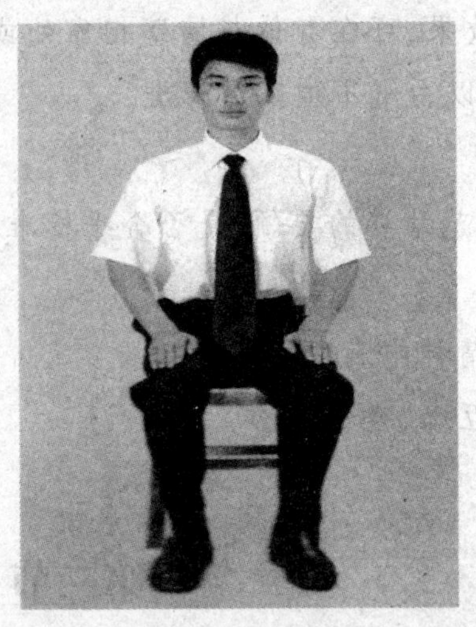

图 5-2-1

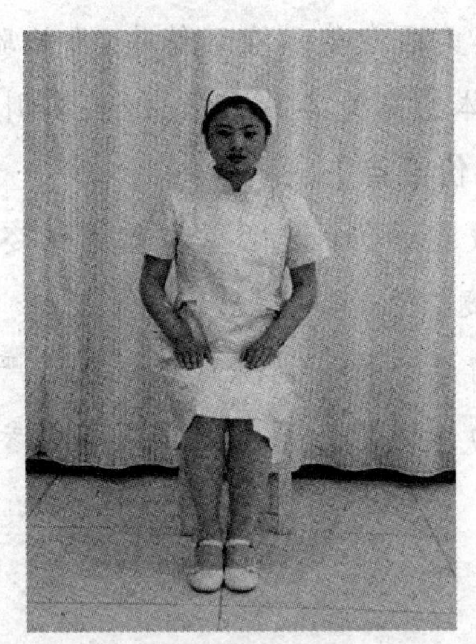

图 5-2-2

(二)双脚交叉式

适合女性。双脚在踝部交叉，双膝必须并拢。交叉后的双脚内收或斜放，也可稍向前伸，但不可伸出过远。(见图 5-2-3)

(三)双腿叠放式

适合穿短裙的女性采用,造型优雅,有一种大方高贵的美感。

一般场合均可采用。取基本坐姿,保持上身直立,左小腿垂直于地面,全脚着地,右大腿重叠于左大腿之上,小腿自然内收,右脚向内收拢,靠近左侧小腿,脚尖自然下垂。(见图 5-2-4)

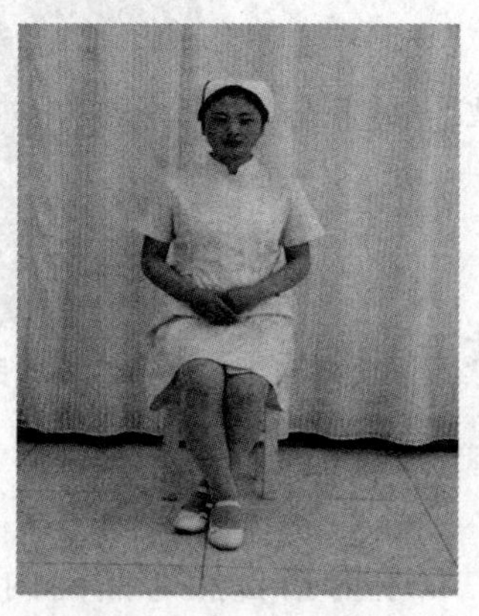

图 5-2-3

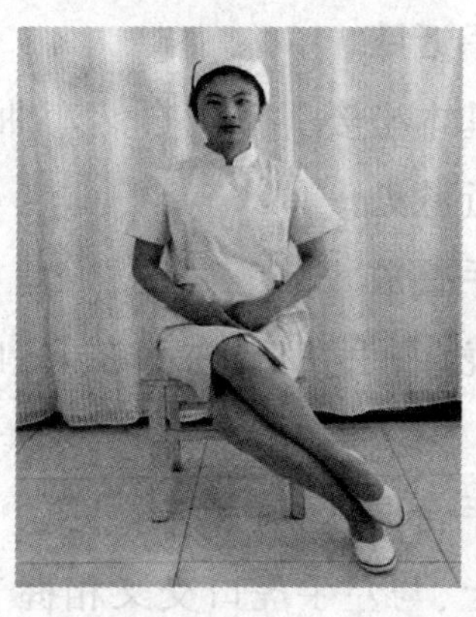

图 5-2-4

(四)双腿斜放式

适用于穿裙子的女性在较低处就座使用。然后双脚向左或向右斜放,力求使斜放后的腿部与地面成 45°。(见图 5-2-5)

(五)前伸后屈式

是适合女性的一种优美坐姿。大腿并紧后,向前伸出一条腿,并将另一条腿屈后,两脚脚掌着地,双脚前后要保持在同一条直线上。(见图 5-2-6)

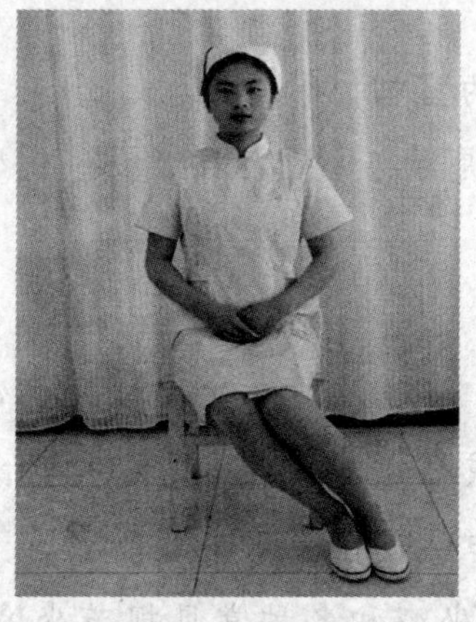

图 5-2-5

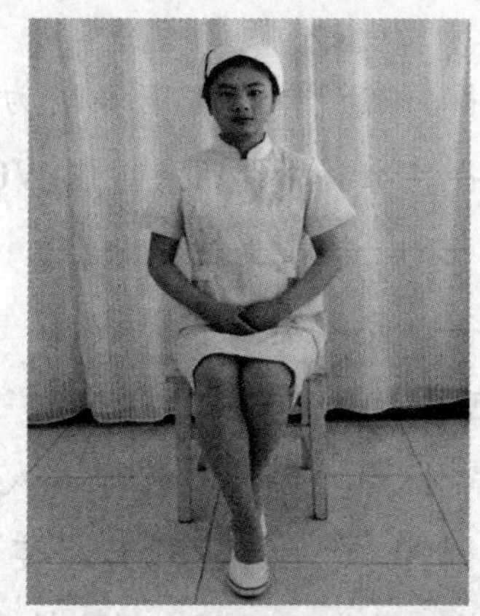

图 5-2-6

(六)双腿交叉式

一般场合采用,男女皆宜,两大腿交叉叠放,小腿自然放置。双膝自然分开,双脚跟距离约一拳左右。(见图5-2-7)

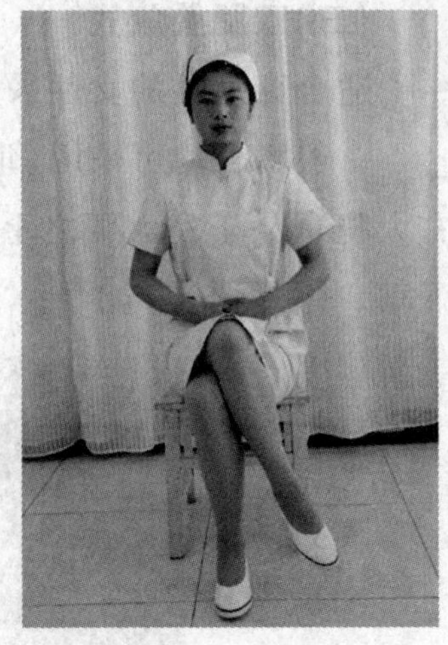

图 5-2-7

三、男女皆宜的规范坐姿手势

(一)双手近膝

常见于基本坐姿。手臂自然弯曲,两手掌心向下分别放在大腿近膝处。

(二)双手叠放

手指并拢,右手在上,左手在下,自然叠放于一侧大腿上。

(三)双手合握

右手在上,与左手虎口交叉相握于腹前。双手拇指自然弯曲向内,不可显露于外,被握的左手不得超出右手的外侧缘。

实践指导 坐姿训练

【目的】

1.掌握基本坐姿和各种男、女士常见规范坐姿。

2.掌握坐姿的要领和训练方法,在日常生活中不断加强学习训练,塑造优美体态,培养优雅举止,养成良好的举止礼仪习惯。

【准备】

1.场地准备。在形体训练室等较为宽敞的室内。

2.物品准备。准备落地镜、电视、VCD 或是录音机、音乐带、椅子;学生准备护士服、护士帽、护士鞋、书本及白纸一张。

3.知识准备。复习本节相关内容。

【方法与过程】

1.示范基本坐姿。可采取教师本人演示或播放教学光盘、课件等形式,详细讲解基本坐姿和各种男、女士常见规范坐姿的动作要领和注意事项。

2.分组训练。学生 6~8 人一组,按照基本坐姿和各种常见规范坐姿的要求,针对训练要领反复练习。训练时配上轻松愉快的音乐,使学生保持愉悦的心情,减少训练的枯燥性。各种训练均应在镜前完成，便于学生观察纠正自己的姿态，教师应予以评价指导。再组织同学以小组为单位，在音乐的伴随下，进行学习效果展示，由师生共同评价。

第一步 训练就座前的动作

(1)训练从座位前方就座：请学生练习时背对镜子，走向座位，在座位前大约有半步之遥处停下，转身面向镜子站好，右脚向后退半步，使右腿轻碰椅子的边缘，然后从容自如、轻盈平稳地坐下，尽量使动作优雅、落座无声。

(2)训练从座位左侧就座：请学生面对镜子在座位左侧站立，先将左腿向前迈出一步，右腿跟上，随即自然地向右侧迈出一步，使自己刚好位于座位的正前方，左腿跟上，然后右脚后退半步，轻而稳地坐下。

第二步 训练坐定后姿态

就座后要保持上身的挺直，可以设想好像头颈部在被一根绳子向上牵拉。男、女生分别进行基本坐姿训练，并根据教师的指令灵活变换各种常见规范坐姿，反复练习，直至熟练自如。要求端坐时整个人精神饱满，富有美感。

女士坐姿的动作较多，应注意手位、腿位和脚位的正确摆放，尤其是坐定后必须并紧双膝。针对此项，在训练中让女生以基本坐姿就座，两大腿之间夹上一本书或一张白纸，尽可能长时间地保持这一姿势，以书本或纸张不掉落为标准，可练习坐姿的规范性、稳定性和持久性；男士训练时应重点练习两腿开合动作，注意腿部间距。训练过程中应及时发现并纠正问题，课后训练时可视情况逐步延长时间。

第三步 训练离座的动作

离座时，右腿先向后退半步，然后上身直立自然站起，右脚收回，与左脚并拢，再从座位的左侧离开。

第四步 连贯训练

在分解训练之后，将上述动作连贯起来反复练习，要求整个动作过程要轻快连贯、自然优美。以小组为单位，评价其训练效果。

第五步 针对性训练

(1)训练上身直立：就座及离座时，由于体位突然改变，常常使身体的重心随之变化，出现身体过度前倾或左右摇晃的现象。在训练时应重点示范、反复训练，使学生在站起或坐下时，都能保持上身的直立，这样才会显得优雅从容。学生在入座后，可以头顶书本，双肩放松，腰部直立，并长时间保持，使书本不致掉落，这样有利于保持上身端正挺拔。

(2)训练耐久性:长时间久坐时可以根据个人喜好选择适合自己的一种规范坐姿,并逐渐延长训练时间。进行这种训练,可保证坐姿标准、优美,考验个人的毅力,从而达到能适应较长时间久坐的需要。一般应采取正坐位,若时间过长较为疲劳时,也可改为侧坐位,但应避免不停地变换姿势。

(3)训练神态表情:与人面对面坐着交谈时,除了准确定位手、腿、脚的位置摆放外,还应配以真诚专注的神态表情,尤其避免局部出现频繁的小动作。

【评价要点】

1.技能评价。能否掌握基本坐姿和各种规范坐姿的要领,是否合乎标准,还存在哪些问题。

2.情感评价。训练过程中是否严谨认真,精神饱满,面带微笑。

3.协作评价。同学们是否积极参与,互帮互助,合作融洽。

第三节 其他行为礼仪

一、行姿

行姿,亦称走姿或步态,是指人在行进过程中所呈现出的一种动态姿势,重点应放在行进的脚步上,同时还需要全身的协调配合。轻盈自然、优美的行姿,矫健敏捷、富有节奏感的步态,能体现出人的精神风貌和动态美感,展现个人的风度与活力。

(一)基本行姿

正确优美的行姿,应建立在基本站姿的基础上,行进中要兼顾六个方面,具体要求及要领如下:

1.全身挺直,昂首挺胸

行走时,上身应保持站立的基本姿势,做到头颈正直,面向前方,双目平视,颌收肩平,挺胸收腹,直背立腰,膝盖伸直。在整个行进过程中,身体都应当始终保持挺拔,整个人昂然向上,朝气蓬勃。

2.起步前倾,重心在前

在前起步行走时,身体应稍向前倾,重心落在反复交替移动的前脚的脚掌上,带动身体随之向前移动。行进中,迈出的脚要脚跟先着地,身体的重心再快速移至前脚。当前脚落地、后脚离地时,膝盖一定要伸直,踏下脚时再稍微放松,并立即使重心前移，使得步伐稳健大方。

3.脚尖前伸，步幅适中

行进中，要始终保持脚尖向正前方伸出，不可使脚尖向内或向外倾斜，同时要注意步幅的大小适中。步幅是指行进中前脚脚跟与后脚脚尖之间的距离，通常约为一脚的长度。这样行走才富有美感和节奏感。

4.直线行进，步履轻盈

由于性别的不同，行走时男女的行进步线有所不同。通常女性左右两脚应交替踩在同一条直线上；男性则左右两脚分别踩在两条平行线上，注意间距应小于肩宽。抬脚、落脚时尽量做到高度适宜、步履轻盈、落地无声，但也不要蹑手蹑脚，要显得从容自若。

5.双肩平稳，两臂摆动

行进时，双肩应始终平稳，两臂以身体为中心，自然地、有节奏地前后摆动。前摆约 35°，后摆约 15°，掌心朝向体内，手指自然弯曲。身体不可过于僵硬呆板，同时要克服在行进中的左右摇摆，应轻松自然地前行。

6.全身协调，匀速前进

行走时，全身各部位的动作要统一协调、相互配合；行走速度要保持均匀，富有节奏感，走出优美潇洒的风采。

总之，女性的行姿应优雅端庄，体现灵秀轻盈的美感；男性的行姿应稳健洒脱，展现阳刚坚毅的风度。

(二)规范行姿

正确的行姿要求上身平稳，双臂的摆动与双腿的行走相互协调，前后、左右的行走动作要对称平衡。要抬足有力，落地无声，步幅均匀，具节奏感，行走要轻松、矫健、优美、匀速。(见图 5-3-1)

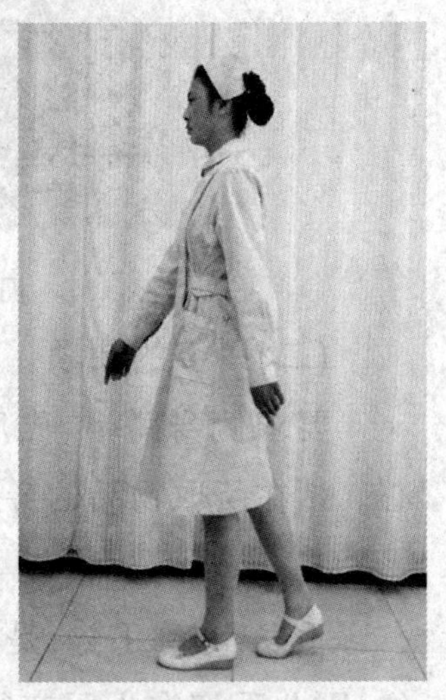

图 5-3-1

二、蹲姿

“蹲”在欧美国家被认为是不雅观的动作，因此只有在非常必要的时候才采用这种暂时性的、比较特殊的体态。在公共场合捡东西、系鞋带、拿取低处物品时，一定要注意自己的蹲姿，力求做到迅速美观大方。尤其是女性穿着裙装时，更应避免出现不雅观的尴尬。

(一)基本蹲姿及具体要求

1.高低式

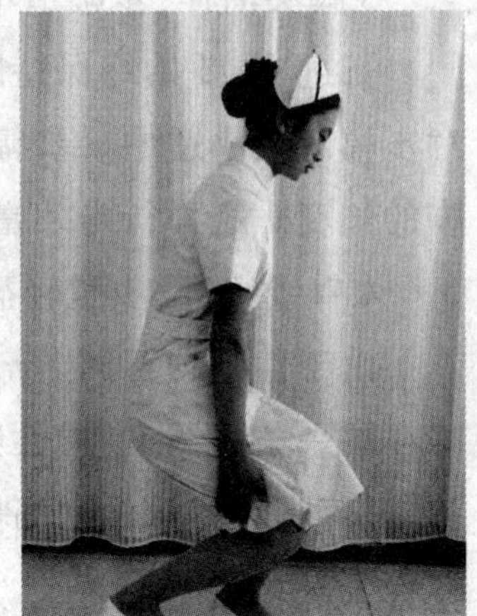

图 5–3–2

日常生活中最常采用。下蹲时,以站姿为基础,一脚在前,一脚稍后,两腿靠紧,并住膝盖,同时下蹲。前脚全脚着地,小腿基本上垂直于地面;后脚脚跟提起,脚掌着地。此时,上身保持直立状态,臀部向下,后膝的内侧靠于前小腿的内侧,形成双膝一高一低的姿势,基本上以后腿为主,支撑身体。

选用这种蹲姿时,女士双膝必须靠紧;男士两腿之间可留有适当距离,通常约一拳左右,不宜过大。(见图 5–3–2)

2.交叉式

这种蹲姿优美典雅,适宜于穿着裙装的女性。下蹲时,右脚退至左脚后,双腿交叉重叠在一起,左小腿垂直于地面,全脚着地,右膝由后下方伸向左侧,右脚脚跟抬起,脚掌着地。两腿前后靠近,合力支撑身体,上身直立,臀部朝下。(见图 5–3–3、5–3–4)

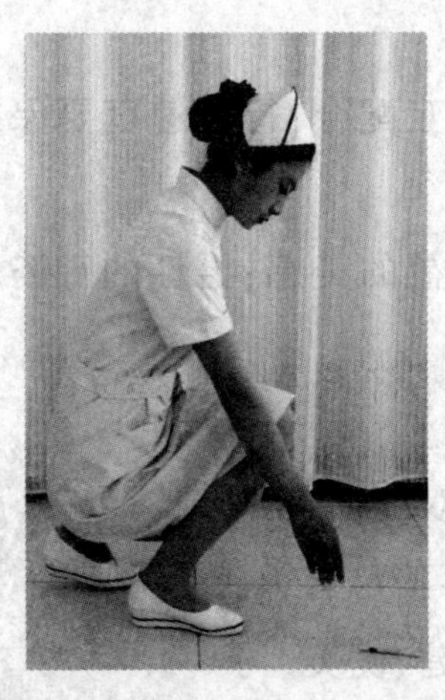

图 5–3–3

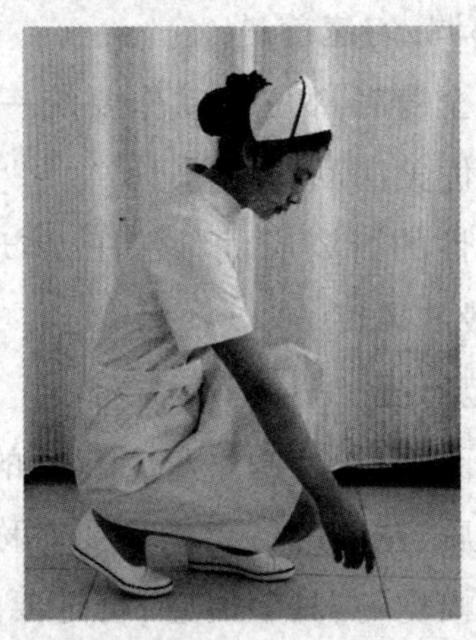

图 5–3–4

(二)蹲姿的要领

要求侧身蹲下,先后移右脚半步,右手整理衣服,缓缓下蹲,挺胸收腹,调整重心。站在所取物品的旁边,蹲下屈膝去拿,不要弓背,要慢慢地把腰部低下。

三、手姿

手姿,亦称手势,是人的两只手及手臂所做的动作。手是人体最为灵活自如的部位,因此手姿在人际交往中形式多样、含义丰富,在体态语言中最具表现力,最擅传情达意。若用之得体适度,有助于思想情感的表达,为沟通交往锦上添花,反之则会招人反感,甚至误解。要正确使用手姿,必须学习手姿丰富的内涵,应用时还必须与表情、体态、语言、礼节等相互配合,这样才能达到满意的效果。

(一)基本手姿

1.垂放

双手掌心向内,自然下垂于身体两侧或贴放于两侧裤线处。多用于站立之时,是男女皆宜的最基本的手姿。

2.相握或叠放

双手自然相握于腹前或双手掌心向下自然叠放于一侧大腿上。多见于女性站立时或就座后。

3.背手

双手在背后相握或右手握住左手手腕,同时昂首挺胸。多见于男性站立之时,显得自信镇定或充满权威。

4.持物

持物即用一只手或两只手拿东西。应用力均匀、动作自然,不要翘起无名指与小指,显得矫揉造作。

5.鼓掌

可表示欢迎、祝贺、支持、鼓励,适用于迎宾、会议、演出、比赛等多种场合。鼓掌时应真诚热烈,必要时可起立鼓掌。其正确的做法是双手拇指微张,其余四指并拢,左手掌心向上、右手掌心向下有节奏地拍击左掌。一般要求发出掌声,必要时也可无声,仅仅做出鼓掌的样子,但必须让对方直接看到。

6.夸奖

称赞、表扬他人时,可伸出右手,翘起拇指,指尖向上,指腹面向被称赞者。切勿跷起大拇指后将指腹朝向自己或自指鼻尖,这会给人自高自大、不可一世之感。

7.指示

指示是用以引导来宾,为其指示方向的手势。正确做法是将一侧手臂屈肘后由身前抬至一定高度,五指并拢,掌心向上,朝向目标伸出手臂,要诚恳谦逊。(见图 5-3-5)

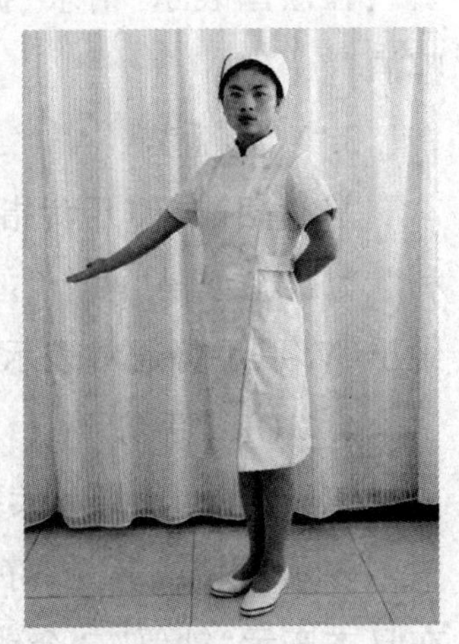

图 5-3-5

8.“请”的手势

通常站成右“丁”字步，面带微笑，目视来宾，右手五指并拢，掌心向上，先从腹前抬起至横隔处，再以肘关节为轴向右侧摆动，到身体右侧稍前方处停住，此时肘关节微屈，腕关节低于肘关节，左手则下垂或后背。请客人就座时，应先用双手将椅子向后拉开，再站成右“丁”字步，左手后背，从腹前抬起右手臂，以肘关节为轴，前臂由上向下摆动，使手臂成一斜线，手指指向椅子，同时点头微笑示意客人。

(二)禁忌手姿

人际交往中，应避免当众挠头、挖鼻、掏耳、剔牙、抓痒、摸脚等不卫生、不雅观的手势，应避免乱动、乱放、乱摸，或是咬指甲、折衣角等不够稳重、失礼于人的动作，应避免在招呼他人时勾动食指或勾动除拇指之外的其余四个手指，也不要用手指随意指点他人，这些做法都极不礼貌、失敬于人，会使人反感，引发矛盾。

(三)手姿的不同含义

现代人手姿的内涵越来越丰富，在使用手姿与他人交流时，还必须重视不同国度、区域和文化背景下对同一手姿所赋予的不同含义，以免造成误解，有碍交往。

1.竖起大拇指

在中国表示“称赞”、“夸奖”、“鼓励”、“了不起”；在日本表示“老爷子”；在意大利表示“一”；在英国表示“拦汽车”；在希腊表示让对方“滚蛋”；在澳大利亚和新西兰这种手势则被视为一种对他人人格的污辱。

2.伸出食指

在中国、韩国、印度尼西亚、墨西哥等国家表示“一”或“一次”；在新加坡表示“重要”；在法国表示“请求、提出问题”；在缅甸表示“拜访”；在澳大利亚表示“再来一杯啤酒”。

3.“V”形手势

掌心朝前，伸开食指和中指所呈现出的手势即为“V”形手势。在中国表示“胜利”、“成功”或是“两个”；而在欧美国家主要表示“胜利”和“成功”。若手背朝向对方做出“V”形手势通常表示“下贱”、“背叛”等含义。

4.“ OK ”手势

掌心朝前，食指和大拇指圈成圆形，其余三根手指自然伸直即为“OK”手势。在中国表示“零”或者是“好的”；在美国及其他讲英语的国家则表示“赞扬”和“允许”；在日本表示“钞票”、“金钱”；在法国表示“零”或是“一钱不值”、“微不足道”、“品质恶劣”等；在拉丁美洲的一些国家表示“乱搞男女关系”；在巴西、希腊、意大利的撒丁岛则是一种令人厌恶的污秽手势，被认为是不文明的举止。

实践指导　行姿训练

【目的】

1.掌握基本行姿。

2.掌握行姿的要领和训练方法，在日常生活中不断加强学习训练，塑造优美体态，培养优雅举止，养成良好的举止礼仪习惯。

【准备】

1.场地准备。在形体训练室等较为宽敞的室内。

2.物品准备。准备落地镜、电视、VCD 或录音机、音乐带；要求学生准备护士服、护士帽、护士鞋、书本。

3.知识准备。复习本节相关内容。

【方法与过程】

1.示范基本行姿。可采取教师本人演示或播放教学光盘、课件等形式，详细讲解基本行姿的动作要领和注意事项。

2.分组训练。学生 6~8 人一组，随着音乐有节奏地行走，按照基本行姿的要求，针对训练要领反复练习。然后请各组同学对着镜子边走边观察自己的姿态，或录下其走路的样子后给其反复观看，让其说出对自己行姿的看法，也可让其他同学对其进行评价，整理意见后给予纠正。每组选出一名代表，师生共同点评。

3.行姿练习内容及要求：

第一步　保持正确的体态

让学生面朝前方站立，头颈正直，目不斜视，挺胸收腹，背腰挺拔，在整个行走过程中都要保持这种昂扬向上的精神风貌。

第二步　学会调整重心

训练学生迈步前行时，身体稍向前倾，迈出的脚脚跟先着地，重心再移至前脚。当前脚落地后脚离地时，膝盖一定要伸直，踏下脚时再稍微松弛，并使重心立刻前移，身体也随之向前移动。

第三步　训练行进步线

在地面上分别画出一条直线和间距小于人体肩宽的两条平行线。女生沿直线练习行走,男生则沿两条平行线练习,注意克服行进中出现身体的左右摇晃,待动作熟练后,除去画线,设想脚下有线反复行走,直至规范自然。

第四步 训练步位步幅

让学生沿地面所画直线或平行线匀速前行,使脚尖向前,前脚脚跟与后脚脚尖之间约为一脚的距离,对"外八字"或"内八字"以及脚步过大或过小等问题要及时纠正。还要注意抬脚、落脚时高度适宜、轻盈无声,不可声响过重或蹑手蹑脚。

第五步 训练肩臂摆动

让学生行进时放松双肩,掌心向内,两臂靠近身体,有节奏地前后自然摆动。注意纠正肩部歪斜、僵硬、双臂摆动幅度过大等毛病,使双臂的摆动与双腿的行走相协调,前后、左右的行走动作相对称,尽量规范上半身动作,保持平稳。

第六步 训练稳定性

让学生头顶书本,双手叉腰行走,要求行走时尽量不使书本掉落,这有助于保持头身的正直;也可以两臂侧平举,两手各放一本书进行练习。随时纠正不良行姿,以培养行走者的稳定性。

第七步 训练协调性

在学生行走时配上节奏感较强的音乐,训练其掌握好行走时的速度、节拍,保持身体平衡,双臂摆动对称,全身动作协调。女生走出优雅、端庄、轻盈的美感,男生行出稳健、洒脱、坚毅的风度。

【评价要点】

1. 技能评价。能否掌握基本行姿的要领,是否合乎标准,还存在哪些问题。
2. 情感评价。训练过程中是否严谨认真,精神饱满,面带微笑。
3. 协调评价。同学们是否积极参与,互相帮助,互相配合。

第四节 护理工作中的行为礼仪

护理工作中的举止礼仪主要是指护士在工作时的站姿、坐姿、行姿、蹲姿、手姿等,应注重发挥它在护患交流中所起的重要作用。规范得体的举止,会使病人产生亲近感和信赖感,有利于护患间的交流合作;反之,会使病人产生距离感,不利于护患间的沟通与合作。因此,护士必须遵守约定俗成的礼仪规范,结合具体的工作环境和服务对象,规范自己的行为举止,做到站姿挺拔自然、坐姿优雅端庄、行姿轻盈敏捷、举止彬彬有礼。

一、站姿挺拔自然

护士在工作中的基本站姿是:头正颈直,下颌微收,双目平视,面带微笑,亲切自然;两肩相平外展,双臂下垂,两手自然相握于腹前,挺胸收腹,直背立腰,两腿并拢。身体各部位舒展自然、挺拔正直。女护士可站成"V"字步或小"丁"字步。男护士可站成平行步,右手握住左手腕上方,自然贴放于腹前。

二、坐姿优雅端庄

护士在工作中要具有高度的服务意识,不可随意就座或表现出疲劳懈怠、自由散漫的情绪或姿态。就座时动作应轻缓从容、得体大方。具体要求是:先取站姿,右脚后移半步,单手或双手放于身后,从腰间顺势向下整理好护士服下摆,轻稳地就座于椅子的前2/3处,坐定后上身挺拔正直,面带微笑,双目平视。

女性双膝双脚完全并拢,男性双膝双脚分开,与肩等宽,双手叠放于一侧大腿上或双手虎口交叉相握于腹前。应显得舒适安详、优雅端庄,呈现出个人的风度与修养。女护士还可以根据不同的工作环境,选择双脚"V"字式、双脚"丁"字式、双腿交叉式、前伸后屈式、双腿斜放式等坐姿就座。男护士则可选择双腿交叉式等坐姿。

三、行姿轻盈敏捷

护士在工作中行走的时间比站立的时间要多,因此,行姿最能反映出护士的精神面貌和气质,应当端庄柔美,轻盈敏捷。

(一)正常行走

护士在工作中的基本行姿是:行走时精神饱满,上身直立,头正肩平,两目平视,挺胸收腹,足尖朝向正前方呈直线行走,步态轻盈自然,步幅均匀适度,步伐稳健无声,两臂在体侧自然摆动或稳妥地持物在胸前。

(二)快步行走

当病房出现紧急情况时,如抢救病人、处理急诊、应答病人呼叫等,护士为抢时间赶速度可以"以走代跑"、快步行走。要求上身保持平稳,肌肉放松舒展,步态自然沉稳,步伐轻盈快捷,给人以轻快从容的动态美感,既要表现出"争分夺秒、急病人之所急"的工作作风,又要使工作紧张有序、忙而不乱,体现出护士认真负责的专业精神,增加病人的信任感、安全感。

四、举止彬彬有礼

护士在工作中要与各类人群沟通交流，协调各种人际关系，应当遵循公共场合及工作场所的礼仪要求，举止文雅得体，处处以礼待人，显示出良好的素质修养，尽心尽力为病人提供优质服务，创建和谐文明的良好氛围。

护理工作中的行礼以鞠躬礼、指示礼、点头礼使用较多，适用于多种场合，而握手礼、举手礼应用相对较少。护士应根据具体情况规范得体地适时行礼，借此表达自己对来宾、病人、同事、上级和尊长的尊重友好、关心敬意。

五、护理操作规范

护理工作中的常见姿态有推治疗车、端治疗盘、持病历夹、搬放椅子、拾捡或递接物品等。培养训练护士持物的各种姿势和技术操作的相应动作，并使其美观大方、娴熟优雅，将有助于体现护士的基本职业素质，提高护理队伍的整体形象。

(一)推治疗车

护士在为病人进行治疗和护理操作时经常使用治疗车，推治疗车是在站姿和行姿的基础上进行的，行进中应保持车速适中、运行平稳安全。

1.正确方法

护士位于车后，双手扶住车缘两侧把手，双臂均匀用力，重心集中于前臂，把稳方向，躯干略向前倾，抬头挺胸，直背收腹，步伐轻盈，匀速行进，停放平稳。（见图5-4-1）

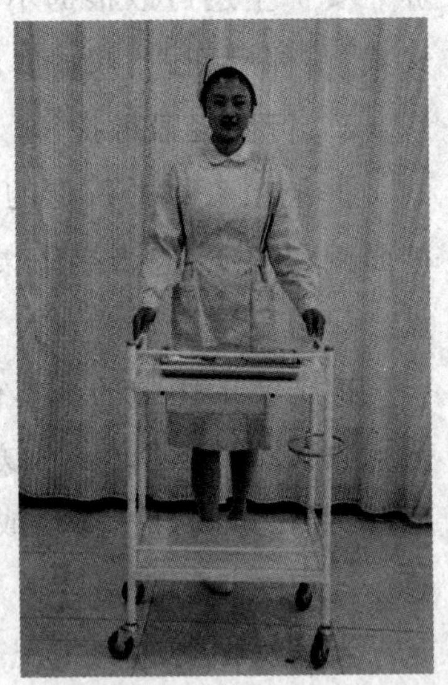

图 5-4-1

2.注意事项

要按照要求规范推车，避免用手拽着车走，同时防止双臂用力不均造成推车不稳、左右摇晃；推车途经走廊与对面病人相遇时，应将车停放一侧，请病人先行；入室前须将车停稳，用手推开房门后再推车入内，不可直接用车撞门；入室后应先关上房门，再推车至病床前；要经常对治疗车各部位进行检查维修，车轮处经常使用润滑油，以防推车时发出声响，影响病人的休息与睡眠。

(二)端治疗盘

护士在护理工作中每天都要端治疗盘，为病人进行各种治疗和护理，要求做到平稳省力、姿势优美。

1. 正确方法

图 5-4-2

在站姿或行姿的基础上，上臂贴近躯干，双肘必须靠在两侧腋中线上，肘关节弯曲呈 90°；双手四指和手掌托住两侧盘底，四指自然分开，拇指置于治疗盘两侧边缘的中部；两手持盘与腰平齐，盘内缘距躯干 2~3 厘米。在取盘、放盘和端盘行走时，前臂上臂同双手一起用力，以保持平稳。(见图 5-4-2)

2.注意事项

端治疗盘时双手拇指不能触及盘内，治疗盘不可倾斜，盘内缘不可触及护士服；行走中迎面遇到病人，应向一侧方向让开一步，请病人先行；开门时不可用脚踢门，应用肩部或肘部轻轻推开。

(三)持夹病历

病历是重要的医疗文件，护士工作中常需持夹病历行走或书写病历。正确的持夹方法不仅能展示护士的姿态美，更能反映出护士对医疗文件的重视程度和认真严谨的工作态度。

1.站立或行走时的持夹方法

在站立或行走的基础上，放松肩部，用左手掌握住病历夹右缘中部，放在前臂内侧，左手臂贴近躯干，病历夹正面向内，前部略微上抬，右手自然下垂或摆动。也可以用右手握住病历夹右缘上段，夹在肘关节与腰部之间，病历夹前缘略微上抬。(见图 5-4-3、图 5-4-4)

图 5-4-3

图 5-4-4

2.站立书写或阅读时的持夹方法

左手握住病历夹上缘的外 1/3 处，左前臂托住病历夹放在左侧胸前，上臂靠近躯干,手臂略向外展;右手进行翻阅或记录。注意保持上身直立,头微微低下,目光注视记录内容。(见图 5-4-5、图 5-4-6)

图 5-4-5

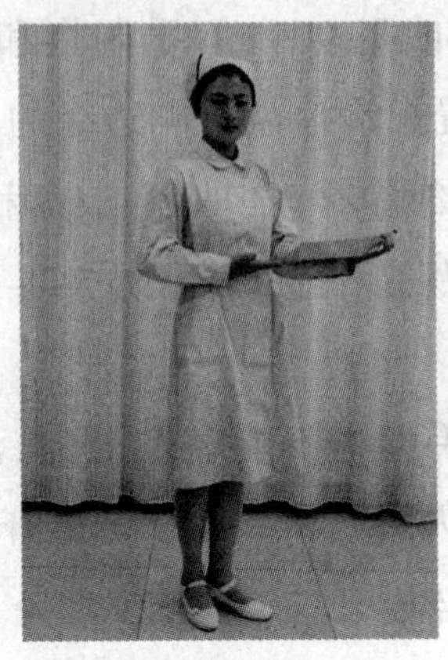

图 5-4-6

3.注意事项

不可在持夹时做与治疗无关的事情;不可在病人面前随意乱放病历夹;不可随意拎着病历夹走来走去,如手持病历夹的一角或一端,令病历夹朝下。这些做法不但姿势不雅,还容易遗失病历、泄露病情,给人以工作随意涣散、不认真负责的印象。

(四)搬放椅子

在病房中,椅子是每位病人日常的床边物品,当整理床铺或进行某些操作时需要移动,应做到动作轻巧节力,姿势规范优美。

1.正确方法

护士侧身站立于椅子后面,双脚前后稍稍分开,双腿屈曲,一只手将椅背夹在手臂与身体之间,起身前行,另一手只自然扶持椅背上端。(见图 5-4-7 、图 5-4-8)

图 5-4-7

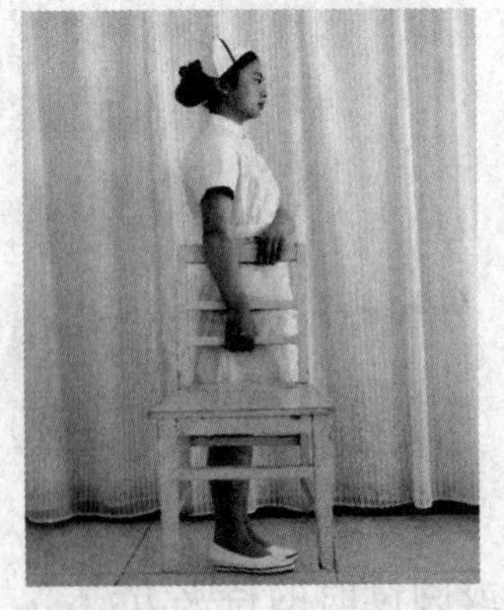

图 5-4-8

2.注意事项

搬起前应告知病人,若椅子上放有物品,要先征得病人同意后,再将物品改放他处;拿起或放下时要保持轻巧,控制好力度,避免与床等物品相碰;操作完成后要及时放回原位或征求病人意见后再放置。

(五)拾捡物品

护理工作中拾捡掉落在地上的纸笔等物品时,常采用蹲姿。基本要求是:站在物品左侧稍后处,遵循左脚在前、右脚稍后的原则,理顺工作衣后,采用高低式蹲姿或交叉式蹲姿屈膝下蹲。注意双腿靠紧,臀部向下,上身挺直后稍向前倾,俯身拾物,这样做既节力又雅观。

上述蹲姿还可用于与患儿交谈时,可减少身高带来的距离感,显得和蔼可亲,便于沟通。切忌取站立位直接弯腰翘臀或两脚平行、两腿左右分开下蹲拾取物品。

(六)递接物品

在护理工作中递接物品时,应注意文明安全。如递送钢笔、剪刀及各种器械时,应将尖锐部分朝向自己递给对方,不可朝向他人,以防误伤;在递送或接取物品时应尽量双手递出或接过,同时配合适宜的表情、言语,不可态度冷漠无礼。

(七)行为模拟训练

在护理实验室或形体训练室内,准备好治疗车、治疗盘、病历夹、椅子和钢笔等相关物品,配上音乐进行练习,同时应在日常工作和生活中随时纠正不良的姿态,养成良好的习惯。

【复习思考题】

1.基本举止礼仪主要包括哪些内容?

2.基本站姿的具体要求是什么?

3.基本坐姿的具体要求是什么?

4.基本行姿的具体要求是什么?

5.基本蹲姿的具体要求是什么?常见的规范蹲姿都有哪些?

6.人际交往中常用的手姿有哪些?应当避免哪些手姿?

第六章 护士的工作礼仪

护士礼仪作为医院服务的内在因素，作为构成医院护理文化的主要组成部分，已被大多数医院所接受并形成一定的制度和体系，同时作为技术服务的附加服务越来越受到病人的关注，成为影响医院在社会公众中总体形象的关键，成为人们选择医院的一大考虑因素。

第一节 门诊护理工作礼仪

门诊是医院面向社会的窗口，也是门诊医护人员与病人接触的第一站。因此，门诊护士的服务会直接影响病人心目中医院的整体形象。门诊护士运用礼仪学知识创造一个整洁、舒适的就医环境，一个亲切、友善、健康向上的人文环境，无疑会给医院增添光彩，也会给病人增添治疗的信心。所以，门诊护士必须有端庄的外在形象，良好的交际礼仪修养。

一、基本礼仪

(一)仪表文明端庄

护士的仪表应文明端庄，做到衣冠整齐。给病人以文明、大方、高雅的感觉，留下良好的第一印象。

(二)语言礼貌规范

护理人员与病人接触时，必须做到语言礼貌、规范，态度热情、诚恳，语气和蔼、亲切，声调柔和、悦耳，有利于融洽护患关系。

(三)表情热情真诚

面部表情的变化能动态地反映人的内心情感。护士与病人接触时,应面带微笑,热情真诚,由衷地表达出对病人的关爱之情。

(四)举止文雅大方

护士的举止是一种无声的语言,包括站、坐、行的姿态,操作的动作和头、手及身体各个部分的体态语,是护患之间非语言沟通的主要内容。

二、礼仪内容

(一)主动介绍,热情接待

对大多数病人而言,医院是一个陌生的环境,病人希望通过与护士的交流,了解医院的环境、医疗水平、诊疗医生的情况和其他相关信息。护士应主动、热情地接待病人,可以向病人介绍医院的概况及其相关的专科特色,介绍医生的诊疗特长及本院的服务宗旨,营造一个温馨、友善、互助、有序的就诊环境。

(二)指引方向,提供方便

1.门诊时

病人从挂号开始,到就诊、取药、做各种检查等,都需要经过几个不同的环节及场所,需要我们护士耐心地给病人做好就医指引,详细地说明行走的路线和方位,以方便病人和减少病人不必要的麻烦。

2.接诊时

当病人前来就诊时,护士应热情地接待,主动与病人打招呼:"您好!我们是某某科,请您把挂号凭证和门诊病历交给我,好吗?"护士双手接过,并按号码顺序排列。轮到就诊的病人,护士应带领其去看医生,并将医生介绍给病人:"请坐!这位就是×主任,您哪里不舒服可以告诉×主任,不要紧张,慢慢讲。"双手将病人的门诊病历递交给医生。

3.导医时

当见到病人前来咨询时,负责导医的护士应主动与病人打招呼:"您好,请问有什么需要帮助的?"如遇行走不便的高龄患者或病情较重的病人时,导医护士应酌情简化就医程序给予关照。如主动协助病人挂号并护送病人到诊室等候,必要时协调轮椅或平车护送,或主动向其他待诊病人做好解释,征得同意和理解后,协助病人提前就诊或做相关检查等。

(三)良好表达 亲切微笑

良好的语言表达能力是体现文明程度的标志,也是护士与病人进行交流和沟通的一种能力和基本功。作为病人来院就诊时的第一接待者——门诊护士,恰当的言谈可以给病人以信赖感。如一声“您好”可以使病人感到心情舒畅,拉近与病人的距离和陌生感;选择一个既适合患者身份,又能表现出对其尊敬的称呼,能给病人一种温暖和受尊重的感觉;一声关心体贴的问候,能给病痛中的患者带来一丝温馨与安慰。

微笑是一种特殊的语言。门诊护士作为医院的形象使者,在与病人第一次见面时,要用亲切的微笑来面对病人。用最亲切的微笑拉近候诊病人与医护人员之间的距离,消除病人的陌生感和恐惧感,使病人能够安心就诊和治疗。因此,对于门诊护士来说,良好的表达、灿烂的微笑、得体的问候与恰当的称呼,是必须掌握的基本功,也是一个不可忽视的问题。

第二节 急诊护理工作礼仪

急诊病人的特点是起病急、病情重,甚至生命垂危,需要紧急抢救,其心理上又常常具有恐惧、悲观甚至绝望等特征。作为急诊室的一名护士,除具备较高的业务素质、职业素质外,还必须具备良好的心理素质和行为习惯,更要有高度的同情心和责任心。

一、基本要求

(一)陈述利弊,稳定情绪

急诊护士应针对急症病人紧张、惊恐和恐惧等情况,全力配合医生按急救程序进行救治,同时善于抓住时机向病人及家属进行必要的解释和安慰,陈述利害,稳定病人及其家属的情绪。

(二)抓紧时机,果断处理

急诊工作突出一个“急”字,时机就是生命,护士应迅速对伤病员进行救治处理。救治工作决策要果断,方法要正确,措施要得力,充分体现护理人员处理问题的及时性、针对性和有效性,增强病人及家属对护理人员的信任。

(三)急不失礼,忙不失仪

对急诊病人的接诊和处理应做到急不失礼、忙不失仪。急诊病人心理较为复杂,对医护人员的言谈举止非常敏感,急诊护士语言要把握分寸,语气要柔和礼貌,态度应和蔼热情,举止有度。

急诊病人的心理

1.紧张焦虑心理。急诊病人起病急、病情重、发展快,多缺乏思想准备,易产生紧张焦虑心理。常见于高热、休克病人。

2.极度恐惧心理。在车祸、房屋倒塌、火灾等突发事件中,受伤者多因事件突然、创伤重等情况,心理处于惊恐状态,惧怕死亡和伤残。

二、礼仪内容

(一)急诊抢救,生命为重

危重病人就诊之后,应该迅速地展开绿色通道,在第一时间内进行各项急救措施,做到稳中求快、忙而不乱,以抢救生命、争取时间为第一要务。

(二) 急诊护士用语应简单明确、急不失礼

对急诊病人,护士应该积极果断快速有序,富有同情关爱之心,在观察病房时,可以对病人说"您好,您哪不舒服"、"您好!您别着急,请简单谈一下发病的经过"、"这位先生,您的液体刚输上,我会随时来看您,有什么不舒服请您随时和我联系,呼叫器在这里"等,并把手柄放在病人随时能够拿到的地方。在抢救室,可以对病人说"我就在您身边,我会随时帮助您"、"不要紧张,到了医院,我们都会尽力来帮助您的,您放心"。在抢救过程中,对一些病情稳定的病人,可以说:"别紧张,您的生命体征已经平稳,好好配合会好的。"

(三)急诊、就诊和抢救的过程中,要随时做好沟通和安慰

对突患急症的患者,我们要理解对方的心理。突患急诊会使病人和家属的心理处于高度的应激状态,这时急诊护士应该一边实施紧急抢救,一边与病人进行沟通,来了解他们的需求,以精湛的急救技术和良好的沟通技巧来赢得病人和家属的信任。同时还要注意,在需要进行暴露性操作的时候,要注意保护好病人的隐私。对一些清醒的病人要进行解释、安慰和遮挡。"现在需要导尿,我给你把裤子解下来,我会为你遮挡好,别紧张。"急诊护士在用语中,应该注意简单明确、急不失礼。

(四)急诊护士要有严格的时间观念

急诊护士的工作主要是为了有效地抢救生命,对时间的要求非常严格,特别是在急救中,争取一分钟的时间,就有可能从死神的手中争夺回一条生命来。所以要当好急诊护士,平时一定要培养雷厉风行的干练作风,动作敏捷规范,判断情况准确,处理问题果断利落,言谈到位,同时语气要非常婉转。在争分夺秒的紧急抢救中,平时练就的雷厉风行、果断敏捷和温柔体贴的工作作风就能够发挥非常重要的作用。

(五)亲切告知,做在急诊留观病人开口之前

亲切告知病人和家属留观、急诊留院观察和输液的注意事项,熟练轻巧地为病人完成抽血、输液、注射、导尿、洗胃、灌肠等各项护理操作,教会病人使用呼叫器,以方便病人在发生异常情况时使用。急诊留观病房具有病人流动量大、观察时间较短、病情变化快的特点,护士应该勤巡视、多观察,增加与病人的交流和沟通,善于通过病人的语言、动作来捕捉病情变化的信息,动态地掌握病情的变化,亲切地给病人和家属以安慰。治疗结束后,护士应该叮嘱病人,比如拔针之后,要对病人说“您再多按压一会儿”,还可以对病人说“您再休息一会”、“您慢慢走”等。在病情好转的时候,护士应该给予热情的祝福和健康指导;在病情改善不明显的时候,应该给予安慰,鼓励病人,使其能够积极地配合治疗。

(六)急而不乱,周全有序

对急诊病人的委托必须及时地给予回应,负责地给病人一个最满意的答复,来取得病人对护士的信任。当遇到几位病人同时都有需求的时候,要根据轻重缓急,先解决最急需解决的问题,同时委婉有效地进行协调,避免病人之间的纠纷,同时非常有效地处理病情。

第三节　手术室护理工作礼仪

手术室是医院中一个环境特殊的科室。手术室护士工作性质特殊,细微的差错都可能给病人造成伤害。工作中必须严格要求自己,养成严谨、认真、细致的工作作风,以最好的精神面貌、心理状态和工作态度,获得最优质的服务质量和最佳的效率。

一、基本要求

(一)亲切交谈,积极沟通

对预期手术,手术室护士要提前到病房与病人沟通,了解病人的病史、病情。

(二)仔细核对,防止差错

手术前护士到病房接病人时,要用礼貌的语言仔细核对病人科室、床号、姓名、性别、年龄、诊断及手术等,防止接错病人造成医疗事故。

(三) 举止从容,言谈谨慎

手术中,由于麻醉方式不同,病人心理反应也不同。医护人员语言要严谨,避免说出容易让病人产生误会的话语。

(四)和蔼可亲,告知效果

手术结束,等待的家属前来询问情况,护士要给予充分的理解、耐心的解释,告知手术结果。

(五)认真交接,鼓励安慰

病人被送回到病房后, 手术室护士要全面仔细地向病房护士介绍手术情况,做到交接及时全面,以利于术后护理。

二、礼仪内容

(一)手术前护理工作礼仪

手术无论大小,对病人和家属来说都是一次重要的人生经历,紧张、恐惧和焦虑是术前患者普遍的心理状态,如担心手术是否存在危险、能否成功、预后如何等,这些都会影响手术效果。为此对预期手术,手术室的麻醉医生和巡回护士要根据手术通知单到病区查阅病历,收集资料,告知患者禁饮禁食时间,了解既往病史和现病史。主动向病人介绍自己:“您是××床××老师(先生、女士、大娘、大爷)吗？我是您手术时的配合护士,我叫×××,很高兴认识您! ”并用礼貌的语言仔细核对病人科室、床号、姓名、性别、年龄、诊断及手术等,防止接错病人造成医疗事故。例如对“胸外科,5床,李明华,女,58 岁,教师,支气管肺癌”的病人,可以这样核对:“您是 5 床李明华教师吧,今天要给您做手术,知道吗？您今年多大岁数？……”同时,还要核实手术前准备工作是否完成。在与病人交谈的过程中,应做到细心、耐心、专心、热心、有责任心,给予患者安慰和鼓励,帮助他们树立信心。

(二)手术中护理工作礼仪

病人在手术过程中处于高度应急状态下,非常敏感,医护人员对待病人的态度、言谈和举止等都要遵守礼仪规范,容不得半点儿疏忽。

第一,巡回护士到病房接病人时态度要和蔼,要有耐心,从病房到手术室这一途中,可以根据病人的年龄、性别、家乡等谈论一些轻松的话题,以缓解病人紧张的情绪。在接病人时要做到"三个一":一声亲切的问候,一辆整洁的平车,一次认真的查对。

第二,病人进入手术室后,将病人平稳地安置在手术床上,室温控制在22~24℃,湿度在50%~60%。在病人听得见的范围内不允许有喧闹声,一切操作要轻、快、稳、准,尽量避免操作不慎造成声响过大而给病人带来不良的刺激。注意观察病人的面部表情、眼神等非语言表现形式,非语言的表达一般比言语的表达更接近事实或真实的感受。护士在进行任何治疗或操作前,应用通俗易懂的语言告诉患者为什么要静脉输液、为什么要打留置针、为什么要扎约束带、为什么要贴电极片、为什么要留置导尿管等,在细微之处,处处体现对病人的关爱。切忌让病人赤裸身体躺在手术台上,这是对病人极大的不尊重。医护人员在谈话中不要议论与手术无关的话题,更不能拿病人的身体(如胖瘦或生理缺陷)开玩笑,这是违反职业道德的表现。在进行护理操作时要掌握"三声"的应用:治疗时有称呼声,合作后有谢声,操作失误有道歉声。

第三,在麻醉过程中要注意遮盖病人,尽量减少病人身体的暴露,保护病人的隐私,维护病人的安全。不论是脊髓麻醉,还是颈丛、臂丛麻醉,巡回护士都要帮助病人保持体位,并告知患者打麻醉时会有什么感觉,要怎样配合好麻醉医生。巡回护士要陪在病人身边,以免发生坠床。

第四,安置体位前,将所有维持体位的支手架、海绵垫等均用包布包好,防止挫伤皮肤,压迫神经及血管,以减轻病人生理不适。告诉病人"我会陪伴你度过整个手术过程,有什么需要和不适,请告诉我,我会尽力帮助你",从而减轻病人的恐惧,稳定病人情绪,使病人在心理上得到安慰,在感情上获得支持,有效地提高其痛阈,使其以良好的心理积极主动应对手术。

第五,手术开始后医护人员应尽量减少交流,更不能议论一些加重病人负担的话或与手术无关的话,如非全身麻醉手术时,医护人员更应做到言语谨慎,因为处于应激状态下病人是非常敏感的,会对听到的医护对话,看到的医护人员的神情,反复推敲琢磨,医护人员一旦露出无可奈何或惊讶的表情,都会给病人造成不良的心理负担。因此,在整个手术过程中,医护人员应注意言行要谨慎,举止要得当。

(三)手术后护理工作礼仪

手术结束后,要密切观察病情,用温盐水纱垫擦净病人皮肤上的消毒液及血迹,为病人穿好衣裤,若有引流袋用别针固定于衣裤上,盖好被子,注意保暖,搬移病人时注意保护切口及各种引流管,安全地把病人送回病房,避免因震动给病人带来疼痛和不适,与病房护士做好交接工作,保证护理工作的连续性。

(四)手术后回访

手术后两天内麻醉医生和巡回护士对病人进行回访,看望病人术后的恢复情况,收集患者对医护工作提出的建议和意见,以便我们及时改正。

第四节 病区护理工作礼仪

病区是病人在医院接受治疗的主要场所,各病区护理工作既有共性,也有特性。护士要掌握病人入院、住院和出院接待的基本工作礼仪,同时,针对不同病区病人的特点,在护理工作中做好服务工作。

一、基本礼仪

(一)入病区的护理礼仪

1.入院病人的接待礼仪

(1)迎接礼仪。当病人来到病区时,护士应放下手中的工作,起身而立,微笑相迎,安排病房就座,亲切问候,进行自我介绍:“您好,我是护士×××,由我来接待您。”若其他护士在场,也应抬头面视病人,点头微笑,表示欢迎。

(2)介绍礼仪。接待护士带病人入病房后,应主动介绍:“这是您的床位,您的治疗医生是×××,责任护士是×××,医生马上来看您,为您检查,请稍等片刻。”责任护士接到通知,应立即带着必备的用物如血压计、体温计、入院介绍资料等来到病床前,与病人打招呼:“您好,我是您的责任护士,我叫×××,您就叫我小×就行了,有什么要求可随时找我,我会尽可能帮您解决的。您的治疗医生是×××,他有多年治疗这方面疾病的经验,人又很负责任,希望您能积极配合治疗,安心养病,我们会尽可能地使您早日康复的。”然后,给病人测量生命体征,做好记录,介绍病区环境,介绍呼叫器的使用方法,介绍住院的有关制度等等。介绍时注意语气和措辞,尽可能用“为了您的健康,请您……”、“谢谢合作”等文明、客气的语句,避免使用“必须……”、“不准……”等命令式语句。

2.住院中的护理礼仪

在病人住院过程中，护士的行为举止会影响到病人的治疗护理效果，要求护士进行护理活动时必须做到：

(1)举止端庄，轻盈稳准。护士在工作中的站、坐、行姿应优美、端庄，各种操作动作应规范、舒展，如推车平稳、开关门轻。进行操作时，动作要熟练、轻稳、规范，操作步骤要有条不紊。

(2)语言亲切，心怀尊重。入院后，病人有一个适应新环境的过程，希望得到医护人员的认可、重视和尊重。因此，病区护士在护理和治疗前应向病人问候。在与病人交谈时，应目视病人，以表达对病人的尊重。主动给病人提供生活上的帮助，如为病人倒水或搀扶病人，也会使病人产生一种亲近、信任和感激之情，这样可以有效地拉近护士与病人之间的距离，融洽护患关系。

(3)快捷及时，安全周到。护士在临床实践中，尤其是遇到病人病情突变时，应思维敏捷，判断准确，动作快准，处理及时。如遇到上消化道大出血的病人时，护士应根据病情果断地按抢救程序准备抢救物品，并通知医生，将病人放置于平卧位，使病人头偏向一侧，并保持呼吸道通畅等，这些都能为病人进一步的治疗赢得时间。

(4)知识丰富，技术娴熟。作为一名合格的护士，要不断地钻研业务，努力学习广博的科学知识，熟练掌握操作技能，掌握现代护理新理论、新技术，更好地为病人服务。

(5)坚持原则，满足需要。住院期间，每位病人都会有不同的需求，护士应在把握原则的基础上，尽量给予满足。如病人住院后，想要了解自己的病情、治疗情况、预后情况等，如果不能得到满足，就会产生焦虑和不安，不利于治疗与康复。因此，责任护士应给予恰当的解释，满足病人知情权的需要。

(二)出院护理礼仪

1.出院前的祝贺

病人即将出院时，真诚地对病人的康复表示祝贺，如：“×××先生康复出院！脱去病员服，您的气色显得更好了，真为您高兴！”感谢病人在住院期间对医护工作的理解、支持和配合，表达对病人一如既往的关怀之情，随时都会为病人提供力所能及的帮助等。

2.出院时的指导

病人出院时,责任护士应对每位病人做好耐心、细致的出院指导,帮助病人办理出院手续,告知病人疾病的治疗情况,介绍出院后病人应如何调整心态、如何服药、如何调整饮食和休息以及复查的时间等,使病人更好地适应出院后的生活。

3.送别时的礼节

病人办理好出院的所有手续后,责任护士可以协助病人整理其个人用物,必要时将病人送到门口、电梯口或车上,与病人礼貌道别。

二、各病区礼仪

病区是病人住院接受治疗、护理及休养的场所。在病区,病人接触最多的是护士,护理人员的言行举止将会对病人产生重要的影响。病区护理礼仪由于所属科室的不同,要求也各有其特点。

(一)内科护理工作礼仪

1.护理工作特点

内科疾病病种多,病因较复杂,有些疾病至今尚不能完全治愈,还有一些内科疾病如心脏病、肾脏病、糖尿病、血液病等,病程长,疗效不显著,有迁延性和反复性。因此,内科护士服务的对象具有以下特征:第一,住院时间相对较长,心理问题比较多;第二,中老年病人较多;第三,反复住院病人较多,加之内科治疗用药复杂,使内科护理工作较繁重。

2.护理工作礼仪

(1)理解病人,真诚相待。护士只有经常换位思考,"假如我是一个病人",从病人的角度了解他们的痛苦,理解他们的要求,才能耐心、细致、主动、热情地护理病人,理解他们想要解决的问题。

(2)稳定情绪,增强信心。由于内科疾病的特点,病人往往易出现急躁、焦虑、愤怒或悲观等不良情绪。因此,在护理工作中,要根据病人的情绪状态,有针对性地做好解释、安慰的心理疏导工作,创造必要的幽雅的环境和舒适的治疗护理条件。

(3)细心观察,及时护理。内科疾病病因复杂,病情变化也非常微妙,有些疾病表面看上去很平静,但随时可能发生突变,甚至危及生命。因此,护理人员要有高度的责任感、广泛而扎实的理论知识、丰富的临床经验和敏锐的观察能力,从病人的症状到体征,从躯体到心理以及治疗后的反应等,及时发现问题,进行有针对性的处理,

挽救病人的生命，保证病人的安全，满足病人的需要。（见图 6–4–1）

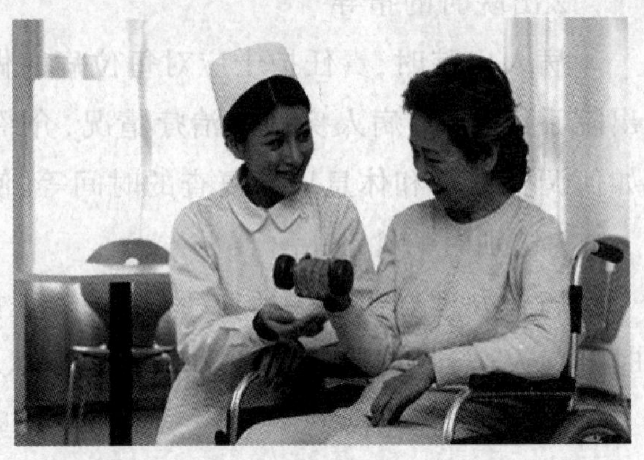

图 6–4–1

（二）外科护理工作礼仪

1.护理工作特点

外科的专业性强，手术是治疗外科疾病的主要方法，是具有创造性的治疗措施，无论手术大小，都会给病人的身心带来不同程度的影响。外科护士的服务对象可分为两部分：一部分是择期手术治疗的病人；另一部分是创伤性急诊病人。创伤性急诊的病人病情急、变化快，对病情观察难度要求高，护理中要求观察病情及时、准确、细心，判断迅速，连续性及预见性强。此外，因为外科的基础护理难度大和特殊性等，决定了其护理量大而繁重。也因为护理难度大和要求高，对护士的责任心要求更强，技术要求更全面。

2.护理工作礼仪

（1）术前教育，科学合理。护士应根据病人的不同情况，进行科学合理的术前教育，增加病人的信心和安全感。

（2）术后效果，及时告知。手术后的病人，尤其是大手术后的病人，一旦从麻醉中醒来，便渴望知道自己疾病的真实情况和手术效果。因此，当病人回到病房或从麻醉中醒来后，医护人员应以亲切和善的语言给予必要的告知。

（3）了解需要，给予满足。人有多种需要，包括心理、生理、理解和文化等，当个体需要得到满足时，就处于一种平衡状态；反之，个体则可能陷入紧张、焦虑、愤怒等负面情绪中。手术后，由于手术创伤、疼痛和治疗的限制，病人的自理能力下降或缺失，许多需要不能自行满足。这时就需要护士加强病房巡视，注意观察病人的情绪变化，及时发现病人的需求和存在的问题，积极主动地为病人解决。

（4）科学解释，正确指导。手术后的病人常出现一些不适症状，要礼貌、科学地给病人及家属讲清道理，争取到病人及家属的理解和配合，让病人认识到术后的恢复需要一个过程，以增强病人的信心。

（三）妇产科护理工作礼仪

1.妇产科护理工作特点

妇产科主要包括妇科和产科。妇科住院病人多为需要手术治疗的病人，如子宫切除术、卵巢囊肿切除术等，具有外科工作的特点。产科主要涉及正常或异常妊娠及分娩，病人以年轻人为主。妇产科都是女性病人，女性病人具有对周围事物感知敏锐、反应强烈、情绪不稳定、易波动等特点。

2.妇产科护理工作礼仪

(1)营造氛围，环境舒适。美好舒适的环境有助于稳定病人情绪，使病人保持良好的精神状态，对缓解病人紧张和焦虑的心理起到直接或间接的作用。

(2)细心观察，因势利导。病人的心理比较复杂。如患有子宫或卵巢肿瘤需手术切除的病人，大都表现为情绪消沉、顾虑重重、精神压力大，未婚的患者考虑术后影响婚姻和生育，已婚已孕女性虽无再育要求，但会担心术后影响夫妻生活。针对这些病人，应鼓励病人正视现实，鼓起生活勇气，使她们认识到治疗疾病是当务之急，身体恢复健康是家庭和事业的根本。

(3)尊重病人，防止危害。未婚先孕的女性担心受到歧视、精神苦恼、心理自卑，非常希望得到医护人员的同情和理解，不愿隐私外露。医护人员要理解病人的心理，尊重病人的意愿，给予病人平等对待，以极大的同情心和责任感关心她们，不能随便议论病人个人隐私，不能歧视病人，更不能使用伤害性语言讽刺、挖苦、指责和训斥病人。未婚先孕者更需要护士的帮助，使她们感受到人间的温暖。

(4)宣传科学，破除旧俗。教育产妇注意个人卫生，可用温水刷牙、洗澡，注意室内通风；指导产妇进行适当的活动和锻炼，有利于产后子宫的恢复；大力宣传母乳喂养的优点。

(四)儿科护理工作礼仪

1.儿科护理工作特点

儿科接受的病人主要是从新生儿到 14 岁这一年龄段的孩子。患者的特点是年龄小，生活自理能力差，活泼，好动，情感表露比较直率、单纯，注意力易转移，缺乏自控能力。病儿住院后，离开熟悉的环境和妈妈，又要面对治疗和护理，会出现一系列的心理反应。

2.儿科护理工作礼仪

(1)慈母关怀，病儿需要。孩子离开母亲来到医院这个陌生的环境，焦虑、恐惧、不安全感笼罩着他们幼小的心灵，作为儿科护士要有慈母之心，关怀、爱护、体贴每一个病儿，把他们当成自己的孩子看待。如在医院里，护士要像母亲一样，对他们轻拍、抚摸和搂抱，使病儿的“皮肤饥渴”得到满足，心理上得到安慰，促进其神经系统的发育和免疫功能的提高，使其产生如在母亲怀中的安全感。

(2)温馨环境，护士创造。如将白色墙壁换成浅彩色或绘上彩色图案、卡通画；在病房或诊疗室摆一些儿童喜爱的装饰物、玩具、图片和儿童读物；在病房中经常播放优雅轻松的儿童音乐，这样的环境给病儿一种亲切感可以减少或消除病儿对医院的恐惧，安心住院治疗。

(3)细心观察，注重沟通。不同年龄段的儿童个性差异很大，对疾病感受的语言表达能力也不同。因此，护士在工作中要多接触病儿，一方面通过语言来了解病儿反应，另一方面还要细心观察非语言行为(表情、眼神、体态)，仔细体会和理解所表达的信息。如婴儿的不同哭声代表了不同主诉，饥饿时哭声婉转，用手触其口周围时有觅食反应；疼痛或不适时，哭声急，声音大且表情痛苦。

第五节 护理操作礼仪

一、护士常用护理操作礼仪范例

(一)体温、脉搏、呼吸、血压的测量

【病历】病人张某，女，42岁，出租车司机，因发热待查入院，护士进行体温、脉搏、呼吸、血压的测量。

1.操作前解释

护士："张女士，上午好！我来为您测量一下体温、脉搏、呼吸、血压。这是入院常规检查项目，您在这之前半小时内喝过热水吗？"

病人："没有，喝热水对测量有影响吗？"

护士："是的，这样会使体温升高，好，现在我就先给您测体温。"

病人："我自己来吧。"

2.操作中指导

护士："还是我来帮您吧，请您将衣服解开，我给您用纱布将腋下的汗液擦一下。"

病人："为什么要擦腋窝的汗呢？"

护士："因为天气热，腋窝有汗会导致测量结果不准确。"

病人："哦，我明白了！"

护士："请您把臂放在胸前将体温计加紧，5~10 分钟后就可以看到结果了。"

病人："原来测体温还这么讲究，我在家可没这么做。哎呀，我没戴手机怎么办，没法看时间？"

护士："我已看表计时了，您放心，这是我的职责。""请您不要动，我来给您数脉搏、测呼吸。"……"您的脉搏、呼吸都正常，脉搏每分 84 次，呼吸每分钟 20 次。"

病人："我没看您测呼吸呀？"

护士："我已测过了，在给您数脉搏之后，紧接着就测了，我没告诉您，这样您的呼吸会自然些，计数更准确。现在给您测血压，请您把这侧袖子脱下，保持安静。"

……

病人："听说测血压得先休息一会儿，是吧？"

护士："是的，您的血压正常，高压是 120mmHg，低压是 82mmHg，时间到了，请您把体温表拿出来给我。"

病人："好，给您，我发烧吗？"

护士："您的体温有点儿高，是 38.5℃。"

3.操作后嘱咐

护士："别着急。您先休息一下，我把这结果给医生，等会儿还要做其他检查，争取把发热的原因查清楚。"

病人："谢谢，通过测量，我还真学了不少知识。"

护士："不客气，这是我应该做的，我还要谢谢您的配合呢！"

(二)女病人留置导尿术

【病历】病人马某，女，38 岁，公务员，子宫肌瘤手术前留置导尿管。

1.操作前解释

护士："马女士，早上好！今天上午 10 点就要给您做手术了，手术前需要留置导尿管，主要是为了排空膀胱便于手术操作，请您配合。"

病人："那插导尿管疼不疼？"

护士："不疼，就是在插管时有一点儿胀的感觉，只要配合好，就可以减轻这种不适感，请您不要紧张，我保证动作很轻稳，不会让您痛苦的。"

2.操作中指导

护士："请您先清洗一下外阴，以减少会阴部的分泌物和细菌，防止感染的发生。"

“请您平躺着，把左侧裤腿脱掉，两腿分开，对，就是这样，很好，您放松，不要用力，来做一下排尿动作，好吗？您配合得很好，管子已经插好了，尿袋也已经接好了，您可以把两腿放平啦，我帮您把被子盖好。谢谢您的合作！”

3.操作后嘱咐

护士：“马女士，请您记住不要自己牵拉尿管，您翻身时也要注意导尿管，不要压住或拽出。手术室护士一会儿就来接您去手术室。”

病人：“我还是很担心，不知手术会怎样？”

护士：“您放心，昨天我已给您讲了，这只是一个普通手术，很快就会恢复的，手术室的小张您也见过了，手术时她会一直守在您身边。手术后24小时导尿管就可以拔掉，您就可以下床解小便了。祝您手术成功！”

(三)静脉输液法

【病例】病人吴某，女，40岁，中学教师，支气管感染，给予输液治疗。

1.操作前解释

护士：“吴老师，您好！今天感觉怎么样，咳嗽好些了没有？今天还要继续输液，您要不要先方便一下？”

2.操作中指导

护士：“请您把手伸出来(铺治疗巾、扎止血带、选择血管)，看您手背上的血管很好，我会为您一针扎上的，不用担心。”

病人：“没事的，我不害怕，请放心扎好了。”

护士：“请您握紧拳头……好啦，疼吗？”

病人：“只是进针时有一点儿疼，您技术真好！”

3.操作后嘱咐

护士：“好啦，谢谢您的配合。我现在用胶布给您固定好，因输液时间较长，您活动时要小心，否则针穿破血管还得重新扎，增加您的痛苦。”

“液体点滴速度我已调节好了，每分钟60滴，请您不要自己随意调节。”

病人：“为啥要调节每分钟60滴呢，输液速度还有讲究吗？”

护士：“是的，输液速度是根据病人的心脏功能、年龄大小和药物性质的不同来调节的。一般情况下，成年人每分钟40~60滴，输得太快，会加重心脏负担，尤其有心脏病的人，这样很危险，如输得太慢，又占用时间太长，影响病人休息。您年轻，心脏功能又好，所以给您调节每分钟60滴，很合适。”

“输液中如果觉得哪儿不舒服或有事，请按这里的呼叫器，我也会经常来看您的，并及时为您更换液体的，您安心休息吧！”

(四)术前皮肤准备

【病例】病人王某，男，50岁，某公司职员，慢性胆囊炎，胆石症，手术前一日进行手术区的皮肤准备。

1.操作前解释

护士：“王先生，明天您就要做手术了，请您随我到处置室来，为您做手术区的皮肤准备。”

病人：“手术还要做皮肤准备？”

护士：“是啊，皮肤准备就是要把您手术部位的皮肤给清洁一下，祛除皮肤上的毛发、污物及微生物等，减少术后感染的机会，从而有利于伤口的愈合。您不用紧张，操作很简单，没有痛苦。”

2.操作中指导

护士：“王先生，请您躺在这张床上，我要在您皮肤上涂抹肥皂水，您不要动，现在把皮肤上的毛发剔去……再用热水把毛发、肥皂、污物洗干净。皮肤准备就这么简单。”

“王先生，您手术要取腹部正中切口，所以要对肚脐内的污垢再处理一下。”(边解释边帮病人擦拭)

3.操作后嘱咐

“王先生，皮肤准备好啦，您可以起来了。请您回病房再洗个澡，换上干净衣服，修剪一下指甲，注意不要受凉，防止感冒，洗澡时不要用力搓揉皮肤，以免损伤皮肤影响手术。好了，您可以回病房了，谢谢您的合作！”

(五)氧气吸入疗法

【病例】病人齐某，男，70岁，农民，慢性阻塞性肺病、心衰，因呼吸困难而给予氧气吸入治疗。

1.操作前解释

护士：“齐大爷，您现在喘得厉害，心里憋得难受吧！我帮您吸点儿氧气，吸氧后您就会感觉舒服一些。请不用担心，现在用的是鼻塞法吸氧，就是用这个鼻塞塞住鼻孔，后边有个固定带，套在头上就行了，很方便的，不会给您带来不适的。”

2.操作中指导

护士:“您躺好,我用这湿棉签给您清洁一下鼻腔,以便氧气进入顺畅……氧气流量调节好了,来,我帮您塞进去,头稍抬一下,套上固定带。固定带松紧合适吗?”

“我再为您调节一下,现在可以吗?(病人点头)齐大爷,谢谢您的配合!”

3.操作后嘱咐

护士:“您现在感觉怎样,好些了吗?”

病人:“吸上氧气感到不闷得那么难受了,但就是感到鼻孔里有东西刺激,不舒服。”

护士:“是的,那是氧气气流的刺激,刚开始不适应,过一会儿就好了,等您感觉气喘好些,我把氧气流量再调小一点儿,会舒服些。”

“现在氧气给您吸上了,为了您的安全,请家属们自觉遵守医院的规定,不要在这儿吸烟,更不能使用电炉、酒精炉烧饭;氧气筒及氧气表上的开关也请您不要扭动,我会经常来看您的,安心休息吧!”

实践指导 护士日常工作礼仪训练

【目的】

1.熟悉接待礼仪。

2.掌握新入院病人的接待礼仪。

【准备】

1.用物准备。治疗盘内用物有血压计、听诊器、体温表、记录本、笔、纱布缸、弯盘。入院介绍卡、作息时间表、护士佩戴表。

2.环境准备。模拟医院病房环境,室内清洁、安静、明亮、宽敞。

3.护士生准备:

(1)护士生衣帽整齐、着装整洁,符合护士行为规范的要求。

(2)复习接待礼仪和病人入院护理内容。

(3)角色扮演:课前分组准备,根据案例情境编排角色和内容。

4.案例准备:

护士(护生扮演者)在护理站书写病历,电话铃响,接到住院处电话通知,有一位急性胃肠炎的病人需要住院治疗,请做好接待准备。随后,办公室门口进来两位年轻女性,其中一人左手挽着另一人的右臂,右手持住院证,被扶的人面色苍白,口唇干燥,精神欠佳,来者正要开口询问,护士……

【方法与过程】

1.教师讲解。教师对分组练习进行讲解,提出要求,巡回指导。

2.分组练习。以小组为单位,采用组长负责制,用角色扮演的学习方式,引导护士生组织情景对话和练习。

3.情景练习内容要求:

(1)护士接听电话礼仪、接待新病人的问候语和让座等礼仪。

(2)护士向病人自我介绍、介绍主治医生,新老病人的相互介绍。

(3)护士引导病人住入病房的方式及礼仪。

(4)护士对病区环境、病室设施的介绍礼仪。

(5)护士向病人介绍医院有关规章制度和作息时间的方式和礼仪。

(6)护士为病人接诊的礼仪,如测量体温、脉搏、呼吸、血压操作前的询问解释。

(7)操作中的指导,操作后对病人的嘱咐及致谢。

(8)护士离开病人的告别礼仪。

【评价要点】

1.技能评价。情景练习中护士生是否仪表端庄、举止大方;接待病人时是否主动热情、态度和蔼亲切;介绍语言是否规范、通俗易懂;引导方式是否规范;是否在模拟操作中完成操作前解释、操作中指导和操作后嘱咐。

2.小组协作评价。练习中是否体现相互主动配合、协作。

3.职业情感评价。是否体现对病人的尊重、关心、体贴;是否注意保护病人的隐私;是否能及时满足病人的需要。

实践指导　护士综合礼仪素质训练

【目的】

1.掌握护士仪表、言谈、举止和交往礼仪知识。

2.学会将礼仪知识正确地运用于护理工作实际中。

【准备】

1.用物准备。治疗车、注射盘。

2.环境准备。在模拟病房进行,室内有病床、床头桌、椅子。

3.护士生准备:

(1)护士生衣帽整齐、着装整洁,符合护士行为规范的要求。

(2)复习注射试验的有关资料。

(3)角色扮演:课前分组,根据案例情境编排角色和内容,一护士生扮演张护士,一护士生扮演病人。

4.案例准备:

某医院外科病室,病人刘某患急性阑尾炎急诊入院,被安置在22床。医生检查后开出医嘱,护士遵医嘱推治疗车到病人床旁,做青霉素过敏试验。

【方法与过程】

1.教师讲解:演示过敏试验的操作步骤及有关护理礼仪内容,讲解练习的要点和要求。

2.分组训练:以小组为单位,采用角色扮演法进行训练,老师巡回指导。

3.技能实训:

(1)护士仪表礼仪,推治疗车、端治疗盘的行为礼仪。

(2)护士与病人交往礼仪,体现在语言交流和微笑服务中。

(3)护士操作礼仪体现在操作前进行必要的操作解释,操作中能与病人及时沟通、指导得当、关心病人,操作后给予及时的嘱咐和安慰。

(4)护士离开病人的告别礼仪。

【评价要点】

1.技能评价。衣帽是否整齐,举止是否端庄,语言是否文明、规范,称谓是否恰当;操作解释是否合理,指导是否得当,各项嘱咐交代是否清楚。

2.小组协作评价。相互配合是否默契,训练过程是否有序。

3.职业情感评价。是否体现人文关怀,对病人态度是否温和、亲切,面带微笑;是否尊重病人的隐私权;是否关系病人,及时满足病人需要。

【复习思考题】

1.门诊护理礼仪的基本要求有哪些?

2.病人住院中护士应注意哪些礼仪事项?

3.内科病区的护理礼仪特点主要表现在哪几个方面?

4.如何对手术病人进行术前疏导?

5.怎样为病人创造一个温馨的治疗护理环境?

6.护理操作的礼仪要求有哪些?

第七章　护士的交往礼仪

在人类社会中，人们之间会以各种不同的形式相互交往，这种交往即为人际交往。交往礼仪是人们在各种社交场合中形成的并被大多数人认同的交际准则和规范。

护士的服务对象是人，在日常护理工作中，要与各种各样的人交往。因此，要建立良好的人际关系，更好地发挥护理工作的能动作用，更有效地完成护理任务，提高护理质量，护士必须掌握交往礼仪常识。

第一节　基本交往礼仪

一、介绍礼仪

介绍，是人际交往中与他人增进了解、进行沟通、建立联系的一种最基本、最常用的方式，是通过自己主动沟通或者第三者沟通，使交往对象认识自己的一种社交方法。介绍礼仪在人际交往中应用较多，内容丰富，形式多样。掌握介绍礼仪不仅有利于人际互动和沟通，有助于进行必要的自我展示、自我宣传，而且还可以替自己在人际交往中消除误会、减少麻烦，提高生活质量和工作效率。

(一)介绍的要求

在社交场合，正确地利用介绍礼仪，既可以扩大自己的交际圈、广交朋友，还可以建立必要的了解和信任。

第一，为别人作介绍时，不要用手指点对方，应该有礼貌地平举右手掌示意，目光要随手势投向被介绍者。

第二,介绍别人时,除长者、尊者可以就座微笑或略欠身致意外,一般都要起立、微笑致意,并附以"认识您很高兴"之类的话语。

第三,宴会桌、会议桌前也可以不起立,被介绍者只需要略微欠身微笑、点头有所表示即可。

第四,作为介绍者,介绍时应熟悉被介绍双方的情况。万一遗忘,被介绍者要主动把自己的情况告诉对方。

(二)介绍的方式

在社交场合中,介绍的方式多种多样,常见的有自我介绍、介绍他人、名片介绍等。

1.自我介绍

在社交活动中,如果想结识某个人或某些人,又没有人引见,可以自己充当介绍人,把自己介绍给对方。自我介绍的具体内容,要兼顾实际需要、所处场景,具有鲜明的针对性,不要"千篇一律"。

(1)自我介绍的形式有应酬式、工作式、交流式、礼仪式、问答式等几种。

一是应酬式自我介绍:适用于某些公共场合和一般性的社交场合,如宴会厅里、舞场上等。它主要是针对一般的交往对象,因此介绍内容要少而精,往往只包括姓名一项即可,如"您好!我叫刘萍"。

二是工作式自我介绍:主要用于工作场合。介绍内容包括本人姓名、供职的单位及部门、担任的职务或从事的具体工作等。如"您好!我叫杨利,是××省××医院的护理部主任"。

三是交流式自我介绍:适用于在社交活动中,是刻意寻求与交往对象进一步交流与沟通,希望对方认识自己、了解自己、与自己建立联系的自我介绍。主要内容包括介绍者的姓名、工作、籍贯、学历、兴趣以及与交往对象的某些熟人关系等。如"我叫田红,现在××省××医院工作,我是你姐姐的大学同学"。

四是礼仪式自我介绍:适用于讲座、报告、演出、庆典仪式等一些正规而隆重的场合。它是一种意在表示对交往对象友好、敬意的自我介绍。礼仪式自我介绍的内容,包括姓名、单位,职务等,还应多加一些适宜的谦辞、敬语,以示自己礼待交往对象。如"各位来宾,大家好!我叫王强,是××公司的副总经理,我代表本公司对大家能够光临我们的开业庆典,表示热烈欢迎和衷心的感谢"!

五是问答式自我介绍:一般适用于应试、应聘、公务交往等。问答式自我介绍的内容,讲究问什么答什么,有问必答。如招聘方:"你好!请你介绍一下你的基本情况。”应聘者:“各位老师好!我叫吴刚,是××省人,今年20岁,党员,××××年毕业于××大学。”

(2)自我介绍的注意事项。

一是态度:自我介绍时态度要自然、友善、亲切、真实,不可自吹自擂、畏首畏尾、矫揉造作。

二是时间:自我介绍的时间以半分钟左右为佳,一般不超过1分钟。

三是时机:应选择对方空闲、心情好、干扰少的时间进行自我介绍,不宜选择对方休息、用餐或正忙于私人交往时自我介绍。

四是主动招呼:自我介绍时,可主动打招呼说声“您好”引起对方的注意,然后说出自己的姓名、身份;也可一边伸手跟对方握手,一边作自我介绍。但如果有介绍人在场,自我介绍会被认为是不礼貌的。

2.介绍他人

在为他人作介绍时,要审时度势,熟悉双方的情况。如果可能的话,在为他人作介绍之前,最好先征求一下双方的意见,以免为原本相识或关系不佳者作介绍。此外,介绍时还要把握以下几个方面。

(1)介绍的顺序:把年轻的介绍给年长的;把职务低的介绍给职务高的;把男士介绍给女士。如果介绍对象双方的年龄、职务相当,也可以由近及远地进行介绍。

(2)介绍的内容:根据实际需要不同,为他人作介绍时的内容也有所不同,常见的有以下几种方式。

一是标准式介绍:使用于正式场合,内容以双方的姓名、单位、职务等为主。如“我来介绍一下,这位是××医院的×院长,这位是××卫校的×校长”。

二是简介式介绍:适用于一般的社交场合,内容往往只有双方的姓名一项,也可只提到双方的姓氏,如“我来介绍两位认识一下,这位是老×,这位是小×”。

三是强调式介绍:适用于各种社交活动,内容除被介绍者的姓名外,往往还要刻意强调一下某位被介绍者与介绍者之间的特殊关系,以便引起另一位被介绍者的重视。如“这位是××省卫生厅科教处的×处长,这位是××,是我的侄女,在××市卫生局工作,请×处长多多关照”。

四是引见式介绍:适用于普通的社交场合,作这种介绍时,介绍者只需将被介绍者引导到一起,而不需要表达任何具有实质性的内容。如“两位以前不认识,其实大家都是同行,现在认识一下如何?请你们自报家门吧”。

五是推荐式介绍：适用于比较正规的场合，多是介绍者有备而来，有意将一方介绍给另一方，因此在内容方面，通常会对前者的优点重点介绍。如“×院长，这位是人民医院护理部的×主任，×主任是一位护理管理方面专家，在整体护理方面有很深的造诣”。

六是礼仪式介绍：适用于正式场合，是一种最正规的为他人介绍的方式，内容略同于标准式介绍，但在语气、表达、称呼上更谦恭、有礼貌。如“×局长，您好！请允许我把我们医院的×院长介绍给您。×院长，这位就是市卫生局的×局长”。

(3)介绍的结束：通常介绍别人认识后介绍者不宜立即走开。特别是介绍完男女相识，应稍停片刻，以引导双方交谈后，再托词离开，“你们先谈着，我有点儿事，先走了”。当然，在某种场合，该离开时迟迟不走，也是不合适的。

当介绍完毕后，被接受者双方应依照合乎礼仪的顺序握手，彼此问候一下，也可以互递名片，作为联络方式。

3.名片介绍

名片是当今社会个人身份、工作单位、联络方式的备忘录，在人际交往中是介绍自己或了解别人的最简便实用的方法，是人际交往的伙伴、助手。当你希望认识对方，表示自己重视对方，想把自己介绍给对方时，便可以用名片来完成这一任务。

(1)递交名片的礼仪。向对方递名片时，应面带微笑，注视对方，将名片正面对着对方，用双手的拇指和食指分别持握名片上端的两角送给对方。如果是坐着的，应当起立或欠身递送，递送时可以说：“我叫×××，这是我的名片，请笑纳。”

递送名片时要注意：地位低的人应先向地位高的人递名片；男性先向女性递名片；当面对许多人时，先将名片递给职务较高或年龄较大者。不能用左手递名片，不能将名片举得高于胸部，不能用手指夹着名片给对方。若对方是外宾，最好将印有外文的那一面递给对方。

(2)接收名片的礼仪。接收他人名片时，应尽快起身，面带微笑，目视对方，用双手拇指和食指接住名片下方的两角，并表示感谢。接到名片后不能随便乱放，应小心收好，以示敬意。

若需要当场将自己的名片递过去，最好在收好对方名片后再做，不要同时进行交换。如果自己没有名片或没带名片，应当向对方表示歉意，说明理由。

(3)索要名片的礼仪。需要向对方索取名片时，可采用下列方法：主动递上自己的名片，同时说：“我们可以交换一下名片吗？”询问对方：“今后如何向您请教？”这种方法适用于向位尊者索要名片。或者说:“以后怎样与您联系?”此法适用于向平辈或晚辈索要名片。

如果没有必要,最好不要强索他人的名片。当他人索取本人名片,而自己又不想给对方时,应当用委婉的方式拒绝,可以说“对不起,我忘了带名片”或者说“抱歉,我的名片用完了”等。

人际交往

卡耐基认为:一个人的成功,10%左右取决于先天和后天条件,20%左右取决于个人的机遇,70%左右取决于他的人际关系。而良好的人际关系的维系,不是“现拜佛、现烧香”,事成后“过河拆桥”,而是“相交一场,常有往来”,经常见面,互相走动,并利用各种工具保持联系。

二、通信礼仪

现代社会是一个信息社会,在人们进行社会交往中,信息就是资源,信息就是财富。人们之间交际往来,离不开通信工具,在所有电子通信手段中,电话出现得最早,也是应用最广的。因此,电话礼仪是现代人要掌握的重点。

(一)电话礼仪

现代社会交往中,电话不仅仅是一种传递信息、获取信息、保持联络的平常工具,而且可为通话者所在的单位及通话者本人绘制一幅电话形象。所谓电话形象,即人们在通话的整个过程中的语言、声调、内容、态度、时间等的集合。电话形象在现代社会生活中无处不在,它能真实地体现出个人的素质、待人接物的态度以及通话人所在单位的整体水平。因此,在使用电话时务必自觉地维护自己的“电话形象”。

1.打电话的礼仪

(1)注意时间。打电话的时间最好是双方预约的时间,或是对方方便的时间。除有要事必须立即通告外,一般不要在他人休息的时间打电话,如早晨 7 点之前、晚上 22 点以后以及午休时间,也不要在他人进餐时间打电话。

给海外人士打电话,要先了解一下时差,否则可能会打扰他人。打公务电话最好在工作时间,不要占用对方的私人时间,尽量避开对方的通话高峰时间。每次通话时间应控制在 3 分钟以内。

(2)内容简洁。打电话的人讲话必须简洁明了,问候完毕即应直言主题,不要讲废话，更不要吞吞吐吐、含糊不清。作为发话人，还应自觉控制讲话长度，一旦需要表达的内容说完后，应由发话人及时地终止通话。

(3)表现文明。通话时，发话人应做到谦恭平和，语言文明规范。打电话时必须使用"电话基本文明用语"。首先恭敬地问候一句"您好"，然后自报家门，以便对方明确发话人的身份；如果准备终止通话，应先说声"再见"，再轻轻地放下电话，使自己始终表现得有礼有节。

2.接电话的礼仪

(1)及时接听。电话铃响了，要及时去接，在电话礼仪中有"铃响不过三"的原则，即接听电话以铃响三次左右拿起最适宜。不可接了电话就说"请稍等"，放下电话便置之不理；如果确实很忙，可以表示歉意地说："对不起，请过10分钟再打过来，好吗？"

(2)应对谦和。接电话时应当先向发话者问好并自报家门。在私人寓所接听电话时，为了自我保护，有时可以用电话号码作为自报家门的内容，或者不报家门。接电话时应当认真听对方说话，而且不时有所表示，如"是"、"对"等，或用语气词"唔"、"嗯"等，让对方感到你在认真听。如果一边听一边同身边的人讲话，则是非常失礼的行为。

(3)主次分明。在电话中传达有关事宜，应重复要点，对于号码、数字、日期、时间等，应再次确认，以免出错。通话时，如果另一个电话打了进来，可先向通话者说明原因，嘱其不要挂断电话，稍等片刻，然后立即去接另一个电话，分清两个电话的轻重缓急，再做妥善处理。

(4)接电话的注意事项。在办公室接电话声音不要太大，以免影响其他人工作；替他人接电话时，要询问清楚对方姓名、电话、单位名称，以便在接转电话时为受话人提供便利；在不了解对方的动机、目的时，请不要随便说出指定受话人的行踪和其他个人信息，比如手机号等；接电话时，如果对方打错了电话，应当及时告知，口气要和善，不要冲撞，更不能表示恼怒之意。如果对方所找非己，也不要口出不快，应热情代找，或者认真记录，然后再转达。当通话因故被中断时，通常中断电话的人应当再次打电话过来，说明情况。(见图7–1–1)

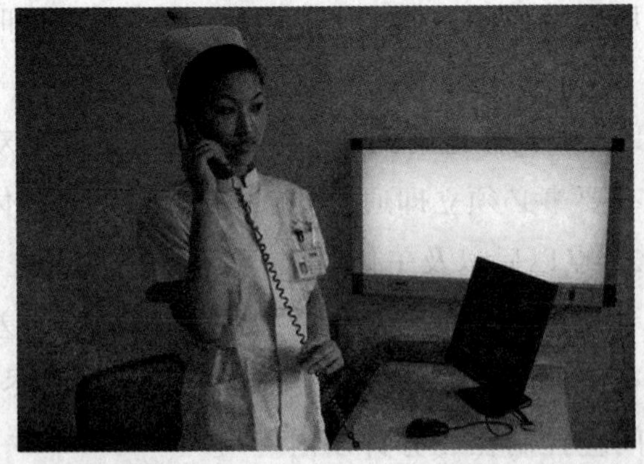

图7–1–1

(二)移动通信

使用移动通信工具,既方便了自己,也方便了他人,它加快了现代人的交往速度,提高了人们的生活质量。人们在享受现代物质文明的同时,更注重精神文明的建设。通信工具使用的礼仪规范是精神文明的具体体现,因此,在使用通信工具时必须遵守以下要求。

1.使用规范

使用手机等通信工具时,要严格遵守约定俗成的使用规则,否则会影响自己的形象。手机在使用时应注意以下几方面:

(1)注意场合。不应该在公共场合,尤其是楼道、电梯、路口、人行道等地方,旁若无人地使用手机。不应当众喧哗,影响他人。不应在音乐厅、影剧院、美术馆等表演或展览场合使用手机,这是对演员、观众最起码的尊重。在开会、上课时应自觉关闭手机,或设定至振动状态,以体现自己对会议主持人、老师、听众的尊重。

(2)注意安全。不要在驾驶汽车时接听手机、电话或发短信,以防止发生车祸。不要在病房、加油站等地方使用手机,以免所发信号干扰治疗仪器,影响治疗效果或引发油库火灾、爆炸。不要在飞机飞行期间使用手机,否则会干扰仪器运行,影响飞行安全。雷雨天气不要在室外接打手机。

(3)保证畅通。应当牢记手机交费日期,并自觉按时交纳费用,以免因欠费停机,影响与外界的联系。更换手机号码,应及时告诉自己的主要交往对象。看到熟悉的未接电话,要及时回复。

(4)尊重隐私。手机号码属于个人专有,不应随便打听他人的手机号码。如果主人不同意,不可将主人手机号告诉他人,也不应随便借用他人的手机。

2.放置位置

使用移动通信工具,应将其放在适当的位置,既方便使用,又合乎礼仪。在正式场合,移动通信工具可放置在常规位置,即放在随身携带的公务包内或口袋里。与人交谈时,可放在手边、身旁、背后,也可以放在手袋内不取出来,不可立于桌上。

(三)电子邮件

电子邮件,又称电子函件或电子信函。它是利用电子计算机所组成的互联网络,向交往对象所发出的一种电子信件。使用电子邮件进行对外联络,不仅安全保密,节省时间,不受篇幅的限制,清晰度极高,而且还可以大大地降低通信费用。在使用电子邮件对外进行联络时,必须遵守礼仪规范。

1.认真撰写

向他人发送的电子邮件,一定要精心构思,认真撰写。若是随意书写,是既不尊重对方,也不尊重自己的表现。在撰写电子邮件时,必须注意以下几点:

(1)主题明确。一个电子邮件,大都只有一个主题,并且往往需要在前注明。撰写时要突出主题,让收件人对整个电子邮件一目了然。

(2)文字流畅。电子邮件为便于阅读,文字要流畅。尽量不写生僻字、异体字。引用数据、资料时,则最好标明出处,以便收件人核对。

(3)内容简洁。网上的时间极为宝贵,所以电子邮件的内容应当简明扼要,越短越好。

(4)用语文明。书写电子邮件,要注意礼貌,特别是称谓、祝词部分要使用相应的礼貌用语。

(5)格式完整。按照书信的格式撰写,不要"有头无尾"或者"无头无尾"。

2.避免滥用

在信息社会时间是很宝贵的。一般不要向他人乱发电子邮件,更不要向别人的信箱发送"垃圾邮件"。不要以电子邮件的方式与他人谈天说地,无事闲聊。一般收到电子邮件后,要及时回复。

3.注意编码

编码问题是每一位电子邮件的使用者都应掌握的。由于各个国家、地区的中文编码系统不同,因此,向其他国家和地区的华人发送电子邮件时,必须同时用英文注明自己所使用的中文编码系统,保证对方可以收到自己的邮件。

(四)短信礼仪

人与人之间交往的方式除了直接见面、电话、电子邮件、传真、书信外,还有短信,且日益增多。在使用短信交往的过程中,必需遵守一定的礼仪。

1.发短信一定要署名

短信署名既是对对方的尊重,也是达到短信目的的必要手段。如果不署名,不但会引起对方的困惑,而且会耽误正事。

2.接收短信及时答复

现在每逢节假日,人们都会发短信祝福。"来而不往非礼也",接到别人发来的短信后,应及时回复。

3.必要时短信预约

有时要给位尊者或重要的人打电话,知道对方很忙,可以先发短信:"有事找您,是否方便给您打电话？”如果对方没有回短信，一定是不方便，可以在较久的时间以后再拨打电话。

4.及时删除不必要的短信

一些人经常把手机放在桌子上，离开办公室或者去卫生间时，如果有人顺手翻看短信，可能会引起麻烦；传播出去，可能就会引起不必要的误会，因此不必要的短信一定要及时删除。

5.发短信要注意时间

上班时间一般不发短信，否则会打扰对方工作，甚至可能让对方违纪。发短信不能太晚，以免影响对方休息。

6.恰当使用短信

如果事先已经与对方约好参加某个会议或活动，为了怕对方忘记，最好事先再提醒一下。提醒时适宜用短信而不要直接打电话，打电话可能有不信任的感觉，而短信就显得非常亲切。短信提醒时语气应当委婉，不可生硬。

三、接待礼仪

接待人员要仪容端庄，谈吐文雅，举止大方，具有一定的文化素养。女性应避免佩戴过于夸张或有碍工作的饰物，化妆应尽量淡雅。对异地来访的客人，应一视同仁，微笑相迎，礼貌称呼，热情问好，同时接待客人还应注意以下几点。

(一)按规格接待

如果来访者是预先约定好的重要客人，则应根据来访者的地位、身份等确定相关的接待规格和程序。

(二)引导客人通过走廊

接待人员应在客人二三步之前，配合步调，让客人走在走廊的内侧。

(三)引导客人上楼

应该让客人走在前面，接待人员走在后面，若是下楼时，应该由接待人员走在前面，客人在后面，上下楼梯时，接待人员应该注意客人的安全。

(四)客人步入客厅

接待人员用手指示，请客人坐下，看到客人坐下后，才能行点头礼后离开。正在接待来访者时，有电话打来或有新的来访者，应让助理或他人接待，以避免中断正在进行的接待。

第二节　护理工作中的交往礼仪

护士是医院里人数最多,与病人接触最密切、接触时间最长的群体,因此,护理人员在工作中的交往礼仪尤为重要。护士的礼仪可从护士的容貌、服饰、言谈、举止等方面展现出来,并融于职业行为和服务内容之中。护理工作中的交往礼仪包括护患交往礼仪、医护交往礼仪、护际交往礼仪等。

> 人际交往尺度
>
> 人际交往尺度——自尊又尊人,坦诚不粗率,活泼不轻浮,严于律己,待人忠厚,谦虚谨慎。

一、护患交往礼仪

护患交往是护理人际交往的主体,是护士职业生活中最常见的人际交往。护士要想做好护理工作,提高护理质量,首先就应该掌握护患交往礼仪。

(一)仪表端庄,服饰得体

与病人初次见面,要留下良好的第一印象,首先注意的是护士的仪表。在护患交往中,应做到仪表端庄大方,服饰整洁得体,燕帽要戴得端正,精神要饱满,给患者一种做事利落、整洁俊美的感觉,并由此赢得患者的尊重和信任,这是建立良好护患关系的开端。

(二)语言文明,举止大方

俗话说"良言一句三冬暖,恶语伤人六月寒",护士在护理工作中熟练掌握和使用文明用语是非常重要的。工作中应该"请"字当头,"谢"字结尾。接待病人或进行各项护理操作时,应根据病人的病情、年龄、性别、职业、地位、文化背景等文明礼貌地称呼病人。

举止能反映出护理人员对病人的态度和自身的心理状态。护士在工作中要求举止稳重大方、动作轻柔敏捷,给病人一种安全和信任感,不能举止轻浮,动作散漫粗暴。

(三)态度谦和,主动热情

诚实谦和的态度,能增加病人对护理人员的信任与亲切感。在护理工作中,护士要主动热情地为病人服务，多与病人沟通、交流，同时要善于控制自己的情绪，不因个人心情不快而迁怒病人。只有这样才能缩短护患之间的距离，减少病人的心理压力，消除护患之间的陌生感和恐惧感，提高护理工作质量。

（四）尊重病人，以礼相待

护士在与服务对象交往的过程中，必须尊重对方的人格，不论其职务高低、年龄大小、病情轻重、容貌美丑、关系亲疏、经济贫富，都应一视同仁、以礼相待。以貌取人，以贫富、贵贱分高低，是有悖于护理人际关系最基本的伦理道德原则的。

二、医护交往礼仪

在健康服务群体中，护士与医生的关系最密切，两者既分工明确又相互合作，各自发挥自己专业的功能，不能互相替代。建立良好的医护关系是完成医疗护理活动、解除病人病痛、促进康复的重要保证。

（一）相互尊重，互相理解

在医疗护理活动中，医护双方都要理解对方的工作特点，分清双方的责任，尊重对方的人格，信赖对方的能力。任何一方都不能轻视、贬低另一方。虽然专业不同、职责分工不同，但都是为了一个共同的目标，在工作中应该互相尊重和理解。只有这样才能营造出融洽、和谐的工作氛围，最大限度地发挥自己的角色功能，保证整个医疗护理工作的正常运行。

（二）团结协作，互相配合

医生和护士的工作不仅各有特点，也各有难处，医护之间的团结协作是医疗护理工作顺利开展的基础。在为病人提供健康服务的过程中，医生和护士是良好的合作伙伴。当医护之间出现配合欠妥时，护士要主动谅解对方，分析产生矛盾的原因，善意地提出合理的意见或建议，协商解决。切忌在病人面前与医生发生争执，更不能在病人面前议论医生的是非长短。

（三）互帮互学，共同提高

由于医疗和护理是两个不同的专业，知识范围、重点和深度各有不同。作为医生，应随时了解护理专业的特点和学科发展情况，主动关心护士的成长进步和业务水平的提高。作为护士，不仅要掌握本专业的理论知识和技能，还要虚心向医生求教，从更深的理论角度把握疾病的诊疗过程，医护双方互相学习，取长补短，从而达到医疗和护理互相渗透，医生和护士互相启迪、共同提高。

三、护际交往礼仪

护际交往是指护理人员之间的交往。护理工作的协作性很强，不同级别、不同年龄的护士之间应该保持良好的交往关系，团结协作，密切配合，使护理工作形成一个有机的整体，这样才能保证护理工作井然有序地进行，并不断提高护理质量。

（一）尊重同仁，举止文明

同事间往来，应该互相尊重、互相支持、文明相处、礼貌相待，这既是为人处世的基本道德，也是最基本的职业要求。

与同事相处，要处处为别人着想，以礼相待。别人礼仪礼节如有不周之处，自己不要耿耿于怀，更不要形成私怨。

（二）谦虚谨慎，戒骄戒躁

一个人的能力大小、水平高低是客观存在的，但每个人的人格都是平等的，不可因个人资质的高低而对人“另眼相看”。谦虚谨慎、平等待人是个人的高尚品德。

（三）努力学习，积极进取

护士之间要互帮互助，互尊互学，形成比、学、赶、帮的良好氛围。工作中要讲奉献、比成绩，不计个人得失、个人利益，不断提高自身修养。

实践指导　交往礼仪训练

【目的】

1.掌握介绍礼仪及电话礼仪的注意事项。

2.了解护理工作中的交往——护患交往、医护交往、护际交往礼仪，培养自身良好的交往形象。

【准备】

1.用物准备。电话。

2.环境准备。实训室、模拟病房、模拟护士站。

3.学生准备。

(1)衣帽整齐，着装整洁，符合护士仪表、服饰礼仪。

(2)复习介绍礼仪及电话礼仪的内容。

(3)根据案例情境进行角色扮演，体现相关的交往礼仪知识。

4.案例准备：

患者张某，男，16 岁，学生。因急性阑尾炎化脓来医院就诊。情境设置：晚上×点母亲陪同其来医院,在急诊室检查后,护士打电话通知住院处。住院处通知外科病房。病人及家属来到外科病房,护士接待,安排病人入院。

【方法与过程】

1.教师对分组练习的内容进行讲解,提出要求。

2.分组训练。以小组为单位,采取组长负责制,用角色扮演的学习方式,引导学生进行情境对话和练习。

3.情境练习内容及要求。

(1)急诊护士打电话通知住院处。

(2)住院处打电话通知病区有新人入院。

(3)在病房内病房护士向病人自我介绍礼仪;将新入院病人向同病房病人作介绍。

4.评价。分组练习结束后,任选两组进行演示,集体评价矫正。

【评价要点】

1.技能发展评价。是否规范使用电话基本文明用语;是否根据介绍礼仪规范地进行自我介绍和他人介绍;是否衣帽整齐、举止端庄、交流顺畅。

2.团结协作评价。是否积极参与,团结互助,相互关心,共同协作。

3.创新精神评价。情景编排是否有新意。

4.职业情感评价。接待时是否面带微笑,态度温和、亲切。

【复习思考题】

1.介绍的方式有哪些?自我介绍的基本要求是什么?

2.接听电话的礼仪有哪些?

3.短信礼仪主要有哪些?

4.如何正确使用名片?

5.设置场景反复练习护理工作中的交往礼仪。

6.与同事交往的基本原则有哪些?

下　篇

人际沟通

第八章　人际沟通基础知识

人际沟通是人和人之间交流思想、传递信息等的过程。具有良好的人际沟通能力是当今护理工作者必须具备的基本能力。

第一节　沟通交流概述

一、沟通概述

(一)沟通概念

沟通是人与人之间、人与群体之间思想与感情的传递和反馈的过程,通过沟通以求思想的一致和感情的通畅。

沟通就是信息传与受的行为,发送者凭借一定的渠道,将信息传递给接收者,并寻求反馈以达到相互理解的过程。

(二)沟通过程的要素

沟通的基本要素包括信息环境、信息发送者、信息、信息传递途径、信息接收者和反馈等六个要素。只有这些沟通要素有机地结合在一起的时候,才能构成沟通的有效体系,实现信息的有效交流。

1.信息环境

沟通总是发生在一定的情景和场合中,沟通的环境可以影响其他要素或者整个沟通过程。

2.信息发送者

信息的发送者也可以称为传送者。传送者是制造信息来源的人,是沟通的启动者。传送者在沟通中居于主动的地位,是首要的沟通者。

3.信息

传递过程中的内容称作信息。内容因传送需要而转变为传送者与接收者都能理解的符号即语言、文字等。

4.信息传递途径

获取信息的途径,如看到、听到、感觉到的都是信息的渠道。

5.信息接收者

信息的接收者可以简称为受者。传送者和接收者共同构成沟通主体。接收者是响应的沟通者。

6.反馈

反馈用在沟通中则指接收者对传送者信息的反应。这种反应有认识、说服、证实、决定、实行等多种表现,通过反馈传送者可以了解接收者对传送信息的要求、愿望、评价、态度等。

(三)沟通的意义

作为一名合格的护士,除了具有渊博的护理知识外,还必须具有良好的沟通能力,这是由如下几个需要所决定的。

1.护士职业的需要

在护理工作中,护士要用较多的时间与各层次人员沟通,包括与医生沟通、与护士群体沟通、与其他后勤服务人员沟通、与病人沟通、与病人家属及亲友沟通等。随着医学模式的转变,护士不仅要有扎实的理论知识和娴熟的实践技能,而且要有与他人沟通的能力。

2.个体生存需要

个体要在社会的群体中生存与发展,离不开沟通。沟通能力是决定一个人成功的必要条件,是个人生存与发展的主要因素。在现代社会中,每个人都希望通过有效的人际沟通建立良好的人际关系。

3 获取知识的需要

在人际沟通中,个体之间通过交谈、讨论、授课、演讲等互通信息,这种面对面的直接沟通是非常有效的沟通方式。有专家分析研究, 现代科技人员的专业知识,有

50%~80%是从与朋友、同行、老师的聊天、讨论和聚会中获取的。沟通可以使人们获取信息、交流思想、表明态度、表达愿望、开阔视野和增加知识。

4.社会活动的需要

人类生存离不开人与人之间的交往,没有人际交往,就不会形成和发展人的各种社会关系,就不会产生人类与自然的关系。因此,没有人际交往就没有社会。当一个人的活动与他人活动相依相存时,其本身就是社会活动。如教师与学生的沟通、护士与病人的沟通等。

二、人际沟通概述

(一)人际沟通概念

人际沟通是沟通的一个领域,是指人和人之间信息交流和传递,包括人与人面对面(如交谈、讨论等)和非面对面(如打电话、发传真、发电子邮件等)两种信息交流活动。在人际沟通的过程中,不仅仅是单纯的信息交流,也是思想、需要和情感的渗透。

(二)人际沟通的方式

1.语言沟通和非语言沟通

语言沟通包括口头和书面语言沟通,非语言沟通包括声音语气(比如音乐)、肢体动作(比如手势、舞蹈、武术、体育运动)等。最有效的沟通是语言沟通和非语言沟通的结合。

2.直接沟通和间接沟通

直接沟通是指发送信息与接收信息无须第三者传递。如面对面谈话,电话直接对话等。间接沟通是指人们通过中间人或借助中介技术手段(如书信、电话等个人媒介和电视、广播、报刊、网络等大众媒介)而进行的相互沟通。

除此之外,还有正式沟通和非正式沟通,单向沟通和双向沟通,上行沟通、下行沟通和平行沟通等。

(三)人际沟通的特征

第一,人际沟通随时随地都会发生。无论你是否愿意,自觉或不自觉,沟通随时随地都会发生,这是不以人的意志为转移的。

第二,人际沟通并不都是面对面。面对面是最常用的沟通方式。但人们可以通过非面对面的方式进行沟通,如电话交流、网上聊天、书信交流等。

第三,人际沟通是双向互动的反馈和理解。人际沟通是信息的给予和收集、发出和反馈的双向过程。

第四,人际沟通受情境的制约。生活中许多因素制约着我们的沟通行为。如沟通的时间、空间,沟通者的情绪性格、文化程度、宗教信仰等,都可以制约、影响沟通的效果。

(四)影响人际沟通的因素

1.个人因素

(1)沟通者的心理及情绪。健康的心理、稳定的情绪有利于双方的表达和交流。在护患沟通中,不仅要注意调整好自己的情绪,还要引导病人有一个良好的精神状态,保证护患沟通顺利进行。

(2)表达能力和理解能力。如智力低下者,精神病患者,神志不清者,唇裂、口吃者,盲聋哑人,牙齿、口腔疾病患者等,其语言能力和思维能力都受影响,从而影响对信息的表达和理解,影响沟通效果。

(3)个性心理特征。性格热情、直爽、健谈、开朗、大方、善解人意的人易于与他人沟通,性格孤僻、内向、固执、冷漠、拘谨、狭隘、以自我为中心的人,很难与人沟通。

2.环境因素

(1)噪音。嘈杂的环境可影响沟通的有效进行。护士在与病人进行交流前,要尽量排除一些噪声源,安排好交谈环境,避免分散注意力,为护患双方创造一个安静的环境,以达到有效沟通。

(2)隐秘性。在护患沟通中,可能会涉及一些个人隐私,病人不希望其他无关人员在场(如同事、朋友等),否则,会影响其表达和配合,干扰沟通;因此,护士要考虑环境的隐秘性是否良好,条件允许时可选择无人打搅的房间,或请其他人暂时离开,或以屏风遮挡,或注意压低说话声等,以解除病人顾虑,保证沟通的有效进行。

(3)距离。在社会交往中,人们有意识或无意识地保持一定距离,当个人的空间和领地受到限制和威胁时,人们会产生防御反应,从而降低交流的有效性。护士在与病人沟通时,应注意保持适当的距离,既让病人感到亲近,又不对其造成心理压力。

缺少沟通的“来喜”

在深圳,有一位女老总,40岁时才生了一个儿子,全家为他起名“来喜”。来喜从小过的是要什么有什么的生活。但由于父母忙于生意而无暇照顾他,在丰富的物质生活中,来喜变得越来越自闭,几乎不和任何人说话。直到他10岁生日那天,妈妈问他话时才发现,来喜已经不会与人交流了。这下子急坏了全家人,带着他到处求医问药,心理医生的答复是:来喜需要沟通。

(4)氛围。室内光线过强或暗淡,室温过高或过低等,都会使沟通者精神涣散,注意力不集中。简单、舒适而庄重的环境氛围有助于沟通的顺利进行。

(5)背景。沟通双方因社会背景不同而影响沟通效果,如地域、文化、职业、社会地位、信仰等。护理工作者应了解和尊重病人的文化背景、民族习俗,做到"入乡随俗",以利于有效沟通。

3.其他因素

认知水平、个人态度、社会文化、语言技巧、角色关系以及性格年龄等都是影响沟通的因素。

第二节　沟通交流技巧

一、赞美

(一)赞美的含义及作用

1.赞美的含义

赞美是对沟通对象的称赞和推崇。在社会交往中,要想在善意和谐的气氛中形成高潮,就应该去寻找别人的价值,并设法告诉他,让他觉得那价值实在值得珍惜,从而创造出一个崭新的自己。这样,我们就等于扮演了鼓励他、帮助他的角色。这就是赞美的意义所在。

2.赞美的作用

(1)赞美可以催人奋进。人虽然各不相同,但有一个共同的特点就是渴望自己被别人承认。"好言一句三冬暖",有自卑倾向的人受到真诚的赞美,会感到关怀,受到鼓励,作用尤其明显。

(2)赞美可以缓解矛盾。公正客观地赞扬与自己有隔阂或对自己有成见的人,可以消除隔阂和成见,调节双方关系,甚至赢得对方同样友好的回报。所以有人说:"赞美之于人心,如阳光于万物。"

(二)赞美的基本原则

1.客观

赞美应实事求是,有依据。一是有值得赞扬的事迹,不编造事实。

据说，美国化学家路易斯，早在1916年就提出了共价键电子理论。该理论的提出，对于有机化学理论的发展无疑具有重要意义。可是，后来在化学界里，人们却把这种理论称为“朗缪尔理论”。原来，路易斯不善于语言表达，尤其不善于当众演讲宣传自己的学术见解。而与此同时，美国的另一位化学家朗缪尔对路易斯所提出的理论，不仅看到了它的重大意义，而且善于在国内外一些学术会议上发表演讲，对这种理论进行积极宣传。也正是因为朗缪尔的大力传播，这种理论才最终得到了举世公认。因此，有人认为，在这一过程中，朗缪尔所做出的贡献甚至在一定程度上已经超出了路易斯。

二是赞美的事迹没有明显偏差，不牵强附会，不过头过分，不张冠李戴。赞美不等于奉承，不能是无理无据的吹捧。

2.真诚

赞美必须是发自内心的，要真诚、直接、朴实，不要假大空。言不由衷、矫揉造作、虚情假意都是不合适的，虚假的赞美注定要失败。

3.公正

公平正直，不偏私，不分亲疏，不存好恶；不因后进而匿善，不以先进而过奖。

4.得体

赞美要适合交际的目的、情境。一要有明确的目的，该赞扬的赞扬，不该赞扬的不滥加赞扬。二要看对象，根据对象的处境、心情、年龄、性别、职业、地位等区别对待。三要兼顾左右，不要让他人觉得在厚此薄彼，因而产生不快。

(三)赞美的方式

1.直接赞美

即当面以明确、具体的语言，赞许对方的行为、能力、外表，用自己的言语直截了当地当面赞美对方。直接赞美要注意：赞美要具体，赞美要深入。

2.间接赞美

这种赞美可以运用语言，也可以用眼神、动作、行为等向对方暗示自己赞赏的意思。运用语言，可以采用比较法，把赞美的对象和其他对象比较，以突出其优点。

二、批评

(一)批评的含义及作用

1.批评的含义

批评是为了帮助人、警醒人而指出对方的缺点和错误。它不同于对对方的贬斥、讥讽、攻击和谩骂。

2.批评的作用

(1)教育促进。批评使对象认识缺点,看到不足,从而产生改正缺点、弥补不足的内在要求,使自己不断完善,使工作更加完美。

(2)警示提醒。公开批评,使人们对被批评的行为和现象产生否定性认识,从而产生纠正同类错误的要求,或提醒自己不犯同类错误。

(3)调整人际关系。诚恳善意的批评是友好和信任的表现。

(二)批评的基本原则

1.教育原则

批评要就事论事,对事不对人。指出错误的原因,引发对象的自我批评,鼓励其前进。

2.必要性原则

教育人、帮助人有许多方法,当选择别的方法更好时,就不要选择批评;当可以在小范围内批评时,就不要在大范围内批评。

3.适度原则

批评要尽量照顾对方的情感,防止引起对方的反感和怨恨。注意整体,不究细节,不无限引申。多用启发话语,少用批评口气。不说过头话,讲究分寸,注意弹性。

4.客观公正原则

批评要实事求是,以事实为基础。不捕风捉影、无中生有,不以偏概全、夸大其词。要弄清原委,分清责任,不全盘否定,不一味批评。

(三)批评的方式方法

1.建议希望法

不直接指出对方的缺点和问题,而是有针对性地提出建议和希望。站在对方的角度来分析利害关系,使对方充分认识批评者的诚意。

2.询问商讨法

向批评对象了解与其缺点、错误有关的事实和情况,同批评对象一起分析其缺点、错误的危害，研究改正和克服的方法。这样做，既能让批评对象认识自己的问题，又不会产生抵触情绪。

3.“三明治”法

首先要从肯定开始，再进行批评，最后以赞美结束。目的在于平衡批评对象接受批评时的心态。

4.现身法

在指出批评对象的缺点、错误的同时，显示自己也曾有同对方一样或相关类似的缺点和错误。目的在于减轻对方的心理压力，消除或减轻其抵触情绪。

5.直截了当法

直接表达自己的批评意见，不转弯抹角。多用于关系融洽的人之间。

三、拒绝

(一)拒绝的含义及心理影响

1.拒绝的含义

拒绝就是不接受，包括不接受对方希望你接受的观点、礼物和要求等。

2.拒绝的心理影响

在日常交往中，经常会遇到有人对你提出正当或不正当的要求，在条件尚不成熟或因主观原因不能满足对方的要求时，虽然人情难却，但必须拒绝。心理学家告诉我们，当一个人明确地表示否定的时候，他的整个身心便处于十分紧张的收缩状态，而提出要求遭到拒绝的一方，更会因此而产生紧张和不愉快的情绪。在这种情况下，双方的情绪都会对交际的发展产生许多不良的影响，这就需要委婉地加以拒绝。

(二)拒绝的基本原则

1.坚定性原则

需要拒绝，就应该下定拒绝的决心，不要碍面子，也不要给对方留下幻想。对于关系到国家、民族、集体利益，违背道德标准的要求，必须拒绝。

2.适时适境原则

拒绝的时间，一般是早拒绝比晚拒绝好。因为及早拒绝，可以让对方抓住时机争取别的出路，无目的的拖拉，是对人不负责任的态度。合适的时机也很重要，不宜在众人的场合拒绝，场所宜小不宜大，宜暗不宜亮。

3.委婉得体原则

要以适当的理由拒绝，要创设或利用好拒绝情境。当拒绝别人时，一定要考虑到对方可能产生的反应,要注意准确的措辞。

(三)拒绝的方式方法

1.直截了当法

用“不是不愿意,而是我做不到”这类的话,如实陈述自己的困难和理由,说明接受后对双方可能造成的危害。

2.迂回暗示法

这种拒绝不是就事论事、直接拒绝,而是顾左右而言他,间接地、委婉地加以拒绝。这种拒绝一般比较适用于有人为某事而向我们发出请求而我们在原则上又不能答应的情况。

3.幽默法

答非所问,避实就虚。开个玩笑,以明道理或以此搪塞。

四、劝慰

(一)劝慰的含义及作用

1.劝慰的含义

劝慰是通过对话调适、改善对方心态的活动。它的特点是心理转化性。劝慰的目的是改变对象的心理、行为状态和趋势,操作的直接内容是对象的心理,因此,要走进对象的心理,就要设身处地,将心比心。

2.劝慰的作用

(1)劝慰能够帮助他人摆脱痛苦。一个人遭到挫折和不幸的时候,十分需要人们的同情。真诚的同情不仅能使不幸者痛苦、懊丧的消极情绪得以宣泄,而且有助于消除其心理的孤独感,增加其战胜困难的信心。

(2)劝慰能使人奋起。受到暂时的不幸和挫折的人,由于一时无法摆脱感情上的羁绊,往往会垂头丧气、消极悲观,沉溺于一时的悲痛之中,看不到光明的前途和幸福的未来。这时,最重要的是通过积极的鼓励,给予其信心和勇气,让其在困难中看到光明的前景。

(二)劝慰的基本要求

1.选择适当时机

劝慰丧亲的不幸者,不要急于劝阻对方的恸哭,要让其宣泄、释放出来,这有利于其较快恢复心理平衡和平静的状态;也不能事情过去较长时间,再去劝慰,这不仅失去意义,而且会使朋友已经平复的心情重又勾起伤心的回忆。

2.了解劝慰对象

了解劝慰对象,就像医生诊断病情一样,只有"诊断"清楚,劝慰才能既得体又到位。

3.真诚地开导、鼓励

一个人苦恼、忧伤时 ,很需要有人给他真诚的开导,帮助其化解内心的情绪。

(三)劝慰的方法

1.赞扬恭维法

用赞扬恭维的办法让对象明白道理,看到问题,调整心态,找到自己的坐标。

2.现身示范法

谈自己的挫折、弱点和教训,启迪对象的心志,平衡对象的心态。

3.善意谎言法

善意的谎言,其用心当然是善良的。对方以后明白真相,只会感激,不会埋怨,即使当时半信半疑甚至明知是谎话,通情达理者仍感到温暖、安慰。

4.转移法

对方处于不良心态中,设法将其从心理矛盾消极中转移出来。

5.引导发泄法

当对方存在不良情绪而进入心理推移状态时,引导其释放不良情绪。

6.热情感化法

使用慢斟细酌、热情感化的方法来安慰对象。

实践指导 人际沟通训练

训练 1

【内容】

评估个人人际关系状况。

【目的】

明确个人人际关系现状,从而改善自己的人际关系。

【准备】

1.用物准备。笔、纸。

2.学生准备。阅读人际沟通与人际关系方面的书籍,了解人际关系方面的基础知识。

3.案例准备：

人际关系在任何组织、任何时候对一个人的成功都至关重要。尤其是新进入一个工作环境，所接触的人都是新的，每个人的脾气性格、行为习惯、思维方式对自己来说都是新的，自己每走一步都要认识一个新人，了解一个新人。这个时候，我们要做到全面开放，对每个人都要进行了解，也要将自己的一些方面展现给对方，只有在充分信任和合作的基础上才能建立良好的人际关系。

【方法与过程】

认真阅读上述案例，结合所学相关内容，反思评估你目前在班级(集体)中人际关系的现状，从下列三个方面入手，写出书面材料，并与同学交流讨论。

1.列出五条成功之处和三条不足之处。

2.设计改进方案。

3.假设你来到一个新的集体，你将如何开始?

【小结】

老师阅读部分学生(随机抽取)写的书面材料，并将有代表性的材料在全班进行评比，评析其优点和缺点。针对一个人怎样尽快融入一个新的集体，提出指导性意见。

训练 2

【内容】

人际沟通案例讨论。

【目的】

激发学生的学习兴趣，引发其求知欲望。

【准备】

1.用物准备。将若干课桌拼成会议桌，用于小组讨论。

2.学生准备。复习所学有关内容，熟悉人际沟通基本知识。

3.案例准备：

小李是一所护士学校的新同学。开学第一天，她见到许多新同学，心里很紧张。本来她是个很懂礼貌的学生，可是当同学们互相介绍时，她走上讲台忘了鞠躬，看到同学们对她微笑，小李不知道该微笑还是不该微笑，最后只是牵动了一下嘴角。在自我介绍时，由于紧张，她不敢抬头正视大家，只说了一句“我叫小李”，就慌乱地走回座位,结果还碰到了椅子,引得同学们笑了起来。小李对自己失望极了,心想:“我只要学习好、成绩好就行了。与人打交道太累,一辈子不与人来往才好。”

【方法与过程】

将同学分成若干小组,每组设召集人一名、记录人一名。在召集人的带领下思考、讨论、回答以下问题,并由记录员记录,之后每组派一名同学汇报讨论结果。

1.小李的紧张和慌乱是什么原因造成的?你或你的同学有没有类似的经历?后来怎么样了?

2.人的一生真的能做到“老死不相往来”吗?

3.人际沟通能力对一个人有何意义?只要聪明、学习好,就一定会有成就吗?

【小结】

老师归纳学生交流发言的主要观点并进行点评。结合日常生活中学生在人际沟通和人际关系方面存在的类似问题,指出今后的努力方向。

训练3

【内容】

人际关系案例讨论。

【目的】

联系生活实际,加深对人际关系理论的理解。

【准备】

1.用物准备。将若干课桌拼成会议桌,用于小组讨论。

2.学生准备。复习人际关系理论知识。

3.案例准备:

假如你从报纸上看到一家外资企业的招聘启事,并顺利通过初试。然后,你按照约定的时间到招聘办公室外面等候复试。15分钟后轮到你进行复试,突然从外面匆匆走进一位年轻人,看样子也是来参加复试的。届时秘书准时喊你的名字,你还没有回答,那年轻人起身向秘书说他很忙,要先参加复试。这时,你该怎么办?以下有三种选择方式:

(1)你失望地重新坐下,一声不吭,忍受着不公平的待遇和不礼貌的举止,等待秘书再来叫你。

(2)你坦率而有礼貌地对秘书说,你已经在外面等待了一刻钟,只是为了如约准时参加复试,并不想抢在别人前面。你相信现在走进办公室同经理面谈复试的人应该是你而不是别的人。

(3)你情绪激动,对秘书大声说,受到如此待遇令人难以忍受,还指责这家企业的工作作风不好,不要这个工作了。说罢,不等秘书答话,瞪了那个年轻人一眼,便愤然离去。

【方法与过程】

分小组进行讨论,说出你的选择意见,指出上述方式的人际关系反映类型。

【小结】

老师归纳总结各小组的讨论意见,给出三个问题的参考答案。

【复习思考题】

1.你认为人际沟通与哪些学科相关?

2.你能举例说出沟通的要素吗?

3.理解课堂内容,说出影响人际沟通的个人因素?

4.在批评中如何体现真诚?

5.你觉得赞美别人显得虚伪吗?

6.用谎言安慰人是否违背了以诚相待的伦理要求?为什么?

第九章　语言沟通与非语言沟通

人际沟通不仅能获取信息和知识，而且是人们适应社会、适应工作岗位必须掌握的一种能力，一种需要不断学习、终身学习和努力提高的能力。人际沟通的形式分为语言沟通和非语言沟通。

第一节　语言沟通概述

一、语言沟通的性质及功能

语言是维系人际关系的纽带，是人际沟通和交往的基本工具。语言沟通分为有声语言沟通和无声语言沟通。前者即口语沟通，如交谈、讲课、演讲等；后者即书面语言沟通，如书信、记录、书籍等。

(一)语言沟通的性质

语言沟通由两部分组成：一是语言，二是言语。语言沟通就是人们对语言这一符号系统的具体运用，包括说话或写作的行为及结果。语言沟通就是人们运用语言来表达情意的活动，它是一种以交流信息为基本功能的沟通行为，分表达(说话和写作)和领会(听话和阅读)两个方面。这两个方面是对语言符号系统的最积极有效的运用。

(二)语言沟通的功能

1.和谐人际关系

语言沟通是人际沟通的主要形式，良好的语言沟通，能有效地调节人与人之间的关系,深化人与人之间的感情,创造和谐的人际关系。

2.获得信息情报

通过语言沟通,可以收集、储存必要的新闻、数据、图片、事实、评论,以便了解信息,并做出反应和决定,如医护人员就是通过语言沟通获得病人的有关病情资料,并由此做出相应的医护诊断和医护处理。

3.参与社会活动

语言沟通能提供有关知识,帮助人们从事社会活动,加强社会联系和强化社会意识,如学生的课堂学习、演讲比赛等。

4.提高职业素质

语言沟通能促进人们的智力发展,培养其思想品德,提高其在人生各个阶段的基本素质和能力。从整体护理的实践来看,护士需要与人沟通的时间约占其工作时间的70%。显而易见,护士不仅需要专业知识和技能,而且更需要与他人沟通的基本知识、能力和技巧。

二、护士人际关系中的语言沟通原则

护士的语言修养体现出护士的文化素养和精神风貌,是护士综合素质的外在表现。在护士人际关系中,应遵循一些普遍的、共同的、有指导性的语言沟通原则。

(一)目标性

护士和病人之间的语言沟通是一种有意识、有目标的沟通活动。护士无论是向病人还是向其家属询问一件事情、说明一个事实、提出一个要求等,一般都是为了达到一定的护患沟通目的。因此,护患语言沟通要做到有的放矢、目标明确,才能有效地达到沟通目的。

(二)规范性

护士的语言要发音纯正,吐字清楚,用词朴实、准确,用语规范精练,要有系统性和逻辑性。尽量使用口语化语言,避免因使用病人难以理解的医学术语而产生的误解。同时,要熟悉一些方言,以利于与病人交流信息和沟通思想感情。

(三)尊重性

尊重沟通对象是人际关系交往的首要原则,要将对沟通对象的尊重、恭敬、友好放在第一位,平等待人,尊重病人,在交谈中切记不可伤害他人的尊严,更不能侮辱他人的人格。

(四)治疗性

良好的语言能帮助治疗,刺激性语言能扰乱病人的情绪,甚至引起病情的恶化。因此,护士在病人面前所说的每一句话都应该是礼貌的、诚挚的、体贴的,每一句话均能对病人的康复起到良性的促进作用,为病人创造一个有利于接受治疗的良好心理环境,以达到治疗的目的。

(五)情感性

在与病人交往中要坚持真心诚意的态度和"以病人为中心"的原则,从爱心出发,待病人如亲人,急病人所急,想病人所想,加强与病人的情感交流。与病人交流时,应力求语言文雅、语音温柔、讲话亲切、态度谦和,在交流沟通中为病人切实解决实际困难,成为病人信赖的人。

(六)艺术性

语言的艺术性可以体现出语言的魅力,是语言的最高要求。护士良好的语言修养,与其文化知识修养、思想道德修养、思维理解水平和驾驭语言文字的能力密不可分。艺术性的语言沟通,常能拉近医患距离,化解医患矛盾,使病人听到后感到亲切、自然,易于接受。

第二节 交谈

一、交谈概述

(一)交谈的含义及特点

1.交谈的含义

交谈是交谈双方(或多方)以对话的方式,进行思想、感情、观点、信息交流的活动过程。交谈传递各种信息,沟通思想。交谈的方式灵活、简便、快捷,是我们日常生活中传达各种信息的基本形式。在护理工作中,交谈是护士工作的基本内容之一,因此,掌握和熟练运用交谈,建立有效的护患沟通,对正确处理护患关系、完成治疗和护理计划是非常有益的。

2.交谈的特点

(1)动机明确,具有目的性。任何交谈,无论其交谈内容如何广泛,都是为了解决某个问题才产生交谈动机,都有明确的目的性。护士交谈的内容涉及生理、心理和社会政治、经济、文化等方方面面,但这些内容都与健康、疾病有关,具有专业目的性,即为服务对象解决健康问题,促进治疗和康复,减轻痛苦或预防疾病。

(2)适时反馈,具有互动性。交谈作为一种交流思想、交换信息的双向沟通活动,通常发生在交谈双方面对面的交流活动中,是一种双向交流。交谈中表达者和接收者双方总是在运用语言和非语言沟通方式适时反馈和交流意见、传递信息,双方既互为发言者,又互为听众,因而有明显的互动特点。

(3)使用广泛,具有随机性。交谈是人们日常生活中最常用的交际手段,所以具有很大的随机性,包括内容和场地的随机性。交谈者根据交谈目的选择话题,不用做特殊的准备,并可以随时选择话题。交谈对场地也没有特殊要求,可以随时随地开始交谈。

(4)正式交谈,具有程序性。交谈分正式交谈和非正式交谈。正式交谈具有一定的程序性,即交谈双方遵循规范的原则,围绕交谈目的,进行一系列活动的过程,一般分为交谈开始、进入主题与交谈结束三个阶段,其交谈的基本形式是提出问题和回答问题。

(二)交谈过程及注意事项

1.启动阶段

交谈的启动是交谈双方形成“第一印象”的关键时期,没有启动,也就不能完成交谈,故应以礼貌、热情的态度开始。交谈启动阶段的目的主要是:

(1)通过初步交谈,给对方留下一个良好的印象,沟通双方产生相互的了解和信任。

(2)通过初步交谈,调动对方说话的热情,以便顺利进入主题交流。

(3)通过初步交谈,了解对方的一些基本情况,以便在下一步谈话中不触及对方忌讳或隐私的话题,使交谈更加愉快和顺利。

(4)通过启动阶段的引导交谈,将话题导入正题。

顺利启动交谈,应掌握以下原则:

(1)树立自信心,克服胆怯、害羞心理。

(2)用真诚和尊重的态度,创建良好的谈话氛围。

(3)寻找双方共同感兴趣的话题,调动双方谈话的积极性。

(4)使用日常生活的“平常话”,是启动交谈的最佳途径。

2.转入正题

在交谈过程中,人们往往遇到一个难题,不知怎样将话题转入正题。下面几种方法可供借鉴。

(1)因势利导。谈话开始,大家常常是互相问候,谈论生活中的一些小事。在适当时候,就应将谈话转入正题。

(2)提问。提问可以把对方的思路适时引导到某个话题上,同时还能打破冷场,避免僵局。

(3)暗示。在交谈时,常常出现这种现象,对方谈话离题太远,而你的时间又有限,我们可用暗示的方法启发他回到正题。

3.结束交谈

在语言交流中,如何开始交谈是一种艺术,怎样结束交谈也是一种艺术。实践证明,一个巧妙适宜的结尾给人留下的将是留恋和美好的回忆。

(1)把握时机,见好就收。当双方谈话的中心内容已近尾声时,谈话者要善于把握时机,恰到好处,要抓住双方交谈融洽、完成谈话目的的时机,见好就收,这是交谈中不可忽视的。

(2)言简意赅,重复主题。在交谈结束时,为了强调谈话的内容,使双方就谈话的主题达到明确一致的共识,可以把内容言简意赅、突出重点地重复一下,顺利结束谈话。

(3)勿忘询问,客气结束。在谈话结束时,不要忘记询问对方还有没有其他打算等,这样既能显示亲切、友好和对对方的关心,又可以防止谈话内容遗漏。

(4)正式交谈,做好笔记。正式的专业性交谈,如护士询问病史和治疗性交谈等,在结束后应补做笔记。如果需要在交谈中边谈边记,则应向病人做出必要的解释,以免引起病人不必要的紧张。

4.交谈的注意事项

在交谈中,要特别注意交谈的态度。

有利于交谈的态度:

(1)充满兴趣,真诚友善。对交谈的对象、话题等自始至终表示出浓厚的兴趣,积极交流,互通信息,促进交谈向纵深拓展。在交谈中要以真诚、友善、专注、认真的态度进行交流。

交谈技巧六要素(SOFTEN)

SOFTEN是由六种最重要的参与技巧的英文首写字母缩写而成:S(smile)——微笑;O(obeisance)——注意聆听的姿势;F(forward)——身体前倾;T(tune)——音调;E(exchanging eyes)——目光交流;N(nodding)——点头。把以上六种技巧巧妙结合起来会使人产生一种舒适和受到重视的感觉。

(2)面带微笑,轻松自然。微笑是一种极具魅力的人际沟通力量。在交谈中应养成面带微笑的习惯,以健康、真切、坦诚、谦和和自然的微笑,赢得令人满意的交谈效果。

(3)谦虚多礼,虚心戒骄。谦虚是中国人的传统美德,无论自我介绍或与别人交谈,都要语气谦和,言语委婉,善用敬语,礼仪在先,表现出一种内在的涵养和气质。

(4)多虑慎思,灵活多变。如果交谈中遇到敏感话题,要进行认真分析,周密思考。在深思熟虑的基础上,灵活自如的交流,尽量避免因考虑不周伤害对方而导致谈话失败。

不利于交谈的态度:

(1)武断专横,妄下结论。说话要有分寸,避免一概而论。说话的语气不能武断专横,不了解情况或不肯定时不可以轻易下结论。

(2)自以为是,傲慢自大。若交谈的一方自认为本事大、地位高或关系硬,盛气凌人,傲慢无礼,对交谈对象不屑一顾,缺乏尊重,通常会使交谈无法进行。

(3)争强好胜,不容他人。在交谈中,固执己见,好与他人争执,毫无谦让之意,同样是不可取的态度。

(4)态度生冷,情感淡漠。交谈需要双方在彼此尊重、理解的基础上,进行心灵的碰撞和情感的交融。若采用冷淡漠然、漫不经心,甚至虚情假意的态度和行为,则违背了交谈的基本原则,损害了交谈者的感情。

(三)交谈的基本类型

1.根据交谈的目的分类

(1)发现问题式交谈。通过交谈收集资料,发现问题,为解决问题而确立目标,如医护人员的病史采集交谈。

(2)解决问题式交谈。针对已发现的问题进行讨论,通过交谈寻找解决问题的方法,如医院疑难病例的会诊讨论。

2.根据交谈的人数分类

(1)个别交谈。指特定环境中两个人之间所进行的信息交流,如现实中的护患交谈、医患交谈、医护交谈等。

(2)小组交谈。指三人或三人以上之间的交谈,如医院科室的病例讨论。

3.根据交谈的方式分类

(1)有目的询问式交谈。这种交谈有明显的目的性,交谈者要提出的问题已事先准备充分,因而交谈双方的地位是发问者主动,被问者被动。

(2)无目的开放式交谈。是一种无目的性的交谈,发问者因只提供主题和引导交谈而成为被动角色,被问者由于所答内容广泛、开放,而处于主动地位。

4.根据交谈的职业特性分类

(1)互通信息性交谈。指医护人员为获取或提供病人信息而进行的交谈。

(2)治疗性交谈。指医护人员为帮助病人认识自己病情,克服心理障碍,寻求较好的治疗方法所进行的交谈。

5.根据交谈的性质和要求分类

(1)正式交谈。指有明确目的、安排详细的交谈,如医院疑难病例的会诊讨论、手术前医患谈话等。

(2)非正式交谈。指比较随意、目的性不强的交谈,如一般的护患交谈等。

二、有效交谈的技巧

交谈作为沟通的一种手段,其成功与否,与交谈技巧有关。交谈中的沟通技巧有以下几种。

(一)倾听

倾听是交谈者全神贯注地接受和感受对方在交谈中所发出的全部信息,对信息全面理解并做出积极反应的过程。善于沟通的人,必定是一个善于倾听的人。做一个有效倾听者,应该做到:

(1)保持良好精神状态,集中注意力。

(2)态度专注投入,及时做出情感反应。

(3)做好倾听的充分准备,排除外界干扰因素。

(4)全面观察对方,及时注意非语言信息,善于理解言外之意。

(二)核实

核实是指交谈者在倾听过程中,为了核对自己的理解是否准确所采用的交谈技巧。具体方法有:

(1)重复。指倾听者对讲话者讲话的内容进行核对的一种交谈技巧,恰当的重复可引发对方的积极思维,对维系有效交谈具有重要价值。

(2)澄清。指交谈者对于对方陈述中一些模糊的、不完整的或不明确的语言提出疑问,以求取得更具体、更明确的信息的一种技巧。

(三)提问

提问不仅是收集信息和核实信息的手段,而且可以引导交谈主题。提问一般分为封闭式提问和开放式提问两种。

(1)封闭性提问。这是一种答问者的应答受到限制的提问方式,只要求应答者回答"是"或"不是"、"有"或"没有"等。

(2)开放式提问。这是一种不限制答问者应答的提问方式,常用"为什么"、"能否"等提问词语。

(四)阐释

阐释是医护人员以病人的陈述为依据,提出一些新的看法和解释,以帮助病人更好地面对或处理自己所遇问题的交谈技巧。

(五)申辩

必要的申辩可使他人明白自己的态度和观点,但要注意方式、方法和态度,不要申辩过度。在护患沟通中,不适当的申辩,会激化病人的情绪,引起不良后果。所以,对病人即便是应该说明、解释和申辩的问题,也要选择时机,视病人的情绪而定。

(六)沉默

沉默是指交谈时倾听者对讲话者的沟通在一定时间内不作语言回应的一种交谈技巧。沉默既可以表达接受、关注和同情,也可以表达委婉的否认和拒绝。在护患交谈中,医护人员可以运用沉默并配合眼神、点头等非语言沟通手段鼓励病人倾诉、整理思绪、选择措辞。

(七)移情

移情即感情进入的过程。移情不同于同情,它是从他人的角度感受和理解他人的感情,是分享他人的感情而不是表达自我感情。在护患沟通中,如果护士不能很好地理解病人、体验病人的真实感情,就不能真正体现"以病人为中心"的工作目标和要求。

(八)鼓励

在交谈中,适时的鼓励,可增强对方说话的信心,建立有效沟通。护患沟通中,适时鼓励对病人是一种心理支持,有助于提高病人战胜疾病的信心。

三、交谈能力的训练

(一)交谈能力培养和训练的重要性

学会交谈,有效沟通,是一个现代社会成员必须具备的基本素质,也是个人社会化的一项重要内容。联系护理工作,有的放矢地加强对护士的交谈能力的培养与训练,可直接指导、帮助他们掌握、运用这一有效的工具,观察病人病情,了解病人心理活动,建立和谐护患关系。

(二)交谈能力培养和训练的主要步骤

护士交谈能力的培养与训练,应结合护理工作实践的特点,合理制订培养计划,科学确定培训内容,严密组织交谈实践,认真制订评价标准,定期进行交谈考核。

1.拟订培训计划

根据护士交谈能力培养与训练的实际需要,拟订交谈培训的计划、时间、内容、步骤、考核、评价等环节,用以指导护理专业性交谈实践。

2.精选训练内容

遵循交谈的基本原理、方法和技巧,结合护理工作实际,精心设计训练内容,为顺利进行护士交谈能力的训练做好充分的准备。

3.开展交流训练

严格按照训练计划,逐项进行交谈模拟训练和课外活动的同步练习,这是掌握交谈技巧、增强交谈能力的重要举措。初与病人交谈的护士,可能有不同程度的交谈羞怯和胆怯,应调整交谈心态,寻求克服羞怯和胆怯的方法,并从交谈实例中学习、模仿和总结,逐步提高交谈的能力。

4.制订评价标准

根据交谈的基本内容,可按照制订的评价标准(见表 9-2-1),对自己的交谈能力进行自我综合评价。

表 9-2-1　交谈沟通能力自我表现评价标准

评价内容		得分			
1	恰当地进行自我评价	4	3	2	1
2	恰当而有礼貌地称呼对方	4	3	2	1
3	能运用微笑以助沟通	4	3	2	1
4	能运用表情和眼神以助沟通	4	3	2	1
5	在与病人交谈前能调整自己的情绪，保持镇静	4	3	2	1
6	能运用倾听技巧	4	3	2	1
7	能运用核实(重复、澄清)技巧	4	3	2	1
8	能运用提问技巧	4	3	2	1
9	能运用阐释技巧	4	3	2	1
10	能运用申辩技巧	4	3	2	1
11	能运用沉默技巧	4	3	2	1
12	鼓励对方提问和对自己的工作提出反馈意见	4	3	2	1
13	乐意接受对方积极的反馈意见	4	3	2	1
14	交谈沟通时尊重对方隐私	4	3	2	1
15	能对自己缺点和不周到之处表示歉意	4	3	2	1
16	能恰当地运用触摸技巧以助沟通	4	3	2	1
17	注重衣着修饰，符合专业化标准	4	3	2	1
18	乐于为病人、家属、同事提供帮助和援助	4	3	2	1
19	善于反思自己，提醒自己要不断学习	4	3	2	1
20	能对专业性正式交谈做好完整记录	4	3	2	1

说明：每条标准后面的“4、3、2、1”为等级分，“4”为优秀、“3”为良好、“2”为合格、“1”为不合格。可根据自己的实际情况在合适的等级分上打“√”，最后将每项得分相加即可得出自我评价的总得分。35分以下者为不合格，应努力提高；36~60分者为合格，但水平一般；61~70分者为良好；71~80分为优秀，表示交谈能力较强。

实践指导 交谈能力训练

【目的】

通过角色扮演,体会与病人的交谈过程,恰当运用交谈技巧,并在小组内交流感受。

【准备】

1.用物准备:

(1)场地。模拟病房。

(2)道具。护理病案。

2.环境准备。整洁、安静,温度适宜。

3.学生准备。护士服、护士帽、护士鞋(衣帽整洁,举止得体)。熟悉本节课的内容、要求和目的。

4.案例准备:

病人王女士明天上午将接受胃镜检查,因为以前常听人说胃镜检查很痛苦,所以心里非常紧张,又因不知道是哪位医生给自己做,更是着急。

【方法与过程】

1.教师首先对案例内容进行分析讲解,然后将同学分成若干实践组,每组4~5人。

2.实践组学生进行角色扮演,评议组进行评议。

3.实践组和评议组互换角色,原评议组进行角色扮演,原实践组进行评议。

4.角色分配:护士、病人、观察者。

5.实践场景:

护士:"王女士,您好,我是您的责任护士张芳,您叫我小张就可以了,从今天开始到您出院,都由我来照顾您。"

病人(坐在床上):"小张,我很担心明天的胃镜检查,和那些做大手术的病人相比,我的担心是否显得有点儿可笑?"

护士(面带微笑):"不,我能理解这种担心,因为上次我母亲在接受胃镜检查前也很紧张。能告诉我您最担心的是什么?"

病人:"我很担心自己因难受不能配合好,还担心胃镜管插入后会引起出血,不知道明天是哪位医生给我做?"

护士:"哦,您的担心可以理解,不过您尽可放心,现在的胃镜管很细。给您做检查的医生技术又很熟练,不会让您很难受的,更不会引起出血,每天都有几十位病人来做检查,几乎没有一位病人有出血现象,而且明天主任将亲自给您做。”

病人:“那太好了,这下我可以放心睡个好觉了,谢谢你。”

护士:“不用谢,应该的。您有什么问题我会随时为您解答,谢谢您对我的信任和支持。”

【小结】

护士在交谈开始阶段恰当地进行自我介绍,有礼貌地称呼对方,交谈中针对病人提出的问题给予及时的答复和讲解,恰当运用交谈技巧,适时结束交谈,由于护士确认了病人的担心、紧张和焦虑的合理性,并给予有效的疏导,病人解除了焦虑,平静入睡,从而为第二天的胃镜检查做了良好的心理准备,交谈后双方感到心情愉快。

第三节　护理书面语言沟通

一、护理书面语言沟通的作用和原则

(一)护理书面语言沟通的作用

1.交流作用

这是书面语言最本质的作用。护理人员通过书写护理病历、护理记录等护理文书,为不同班次的护士及其他医务人员提供有关病人的基本资料,从而保持医疗护理工作的连续性和完整性。

2.评价作用

各种护理文书及护理学术论文等书面资料, 可以集中反映护士的专业能力和专业水平,是考核评价护理人员的基本依据,也是评价医院服务质量和管理水平的依据。

3.教育作用

护理病历、记录等专业文书及学术论文等资料,作为护士书面语言沟通的“产品”,对于护理专业学生和年轻护士来说,是最好的、最生动的学习资料,从中可以学到许多课堂上学不到的实践经验。

4.积累资料

护理病历、记录等护理文书为护理学术研究提供了原始资料、统计数据,是创新性护理研究的基础。

5.司法作用

护理记录等护理文书,可以作为司法的证明文件。特别是出现医疗事故和纠纷时,护理记录等原始资料便是法庭认可的客观证据。

(二)护理书面语言沟通的原则

1.准确性原则

护理书面语言沟通直接关系到病人的健康和生命安全,因而各类护理文书的书写、记录一定要做到真实可靠、准确无误,绝不能包含任何个人的猜测和偏见,实事求是是护士最基本的素质。

2.规范性原则

护理工作各种文书、表格的设置,大多有通用的格式,其项目及书写方式、医学术语和数据的运用、计算单位的书写等都有一定的规范,这是护理科学性的体现。

3.清晰性原则

书面沟通的文字表达应该力求清晰。清晰的文章是读者正确领会作者观点、思想、含义的前提。护理文书的书写要做到字迹清楚、字体端正、表格整洁,没有涂改。

4.简洁性原则

要求书写文字要精练,文章要言简意赅,重点突出。如是书写护理记录应尽量使用医学术语和公认的缩写,将琐碎的、没有实际意义的文字删减掉。

5.伦理性原则

有些临床护理论文,常涉及具体的病人或志愿者,交流发表时应注意保护他们的隐私,不要损害了他们的声誉。

6.实用性原则

护理书面语言沟通是以实用为目的,护理用文写作中的各种文体,都是为了解决预防、治疗疾病,护理病人和人类健康中的实际问题,这决定了护理用文的实用性。

二、书面语言沟通在护理工作中的运用

(一)常用书面沟通的医疗护理文件

1.体温单

体温单是病历的重要组成部分之一。体温单除记录病人体温外还记录其脉搏、呼吸及其他情况,要求填写完整、页面整齐、记录准确、没有涂改。

2.医嘱单

医嘱单是医生根据病人病情的需要,拟订治疗、检查等计划的书面嘱咐,由医护人员共同执行。它是病人诊断、治疗方案的记录，也是处理医疗纠纷的重要凭据。要求医护人员要以严肃认真的态度、一丝不苟地进行填写，没有涂改，并签全名。

3.护理观察记录单

凡经抢救、大手术后需要特殊治疗和严密观察病情的病人，须做好书面护理记录。它是反映病情的原始资料，可为诊断、治疗和护理提供依据，以便及时全面地掌握病人的情况，观察治疗或抢救效果。

4.病室报告

病室报告是值班护士针对值班期间病室情况及病人病情动态变化等书写的工作记录和交班的主要内容，也是向下一班护士交代的工作重点。内容主要是病人流动情况、重点观察对象的病情变化及医疗、护理措施的效果等，要求做到准确、完整、连贯，重点突出，没有涂改。

5.护理病历

在临床应用护理程序中，有关病人的健康资料、护理诊断、护理目标、护理措施、护理记录和效果评价、出院小结及出院指导等，均应有书面记录，这些记录就构成护理病历。

6.护理论文

是以说明和议论为主要表达方式，以护理学科及相关学科的理论为指导，经过科研设计、实验、观察，取得第一手资料，在归纳、分析及必要的统计学处理而撰写成护理科研学术作品。

(二)护理书面语言沟通的训练

现在是信息技术迅猛发展的时代，各种信息传播的手段和方式都被充分地利用，但书面语沟通以其特有的优势在护理工作中被广泛应用。具有良好的书面语言沟通能力要从以下几个方面训练：

1.勤读

要提高写作能力，首先要有广泛而丰富的知识作基础，只有勤于阅读，不断提高自己的理论知识和业务能力，并掌握一定的写作方法和技巧，才能在临床护理工作中做到观察得法、处理得当、记录得体。

2.勤写

写作是一种能力，只有通过自己亲身的习作、实践才能获得。学习和掌握护理用文的写作，没有秘诀可寻，唯一的途径就是勤学苦练，当有所收获，有所发现时，就动手写，可在读书报告会、演讲会上作口头交流。写多了，就自然会提高。

3.勤积累

要使自己的文字、语言符号科学化、规范化，做到语义准确，语法规范，词能达意，护士应当在勤阅读的基础上积累知识材料，掌握大量的词汇，如医学术语等。

4.勤思考

护理记录、交班报告、护理病历等不是对病人主诉和临床表现的复制，而是对这些客观事物进行分析综合、判断推理等思维过程。只有对病人情况有了全面准确的认识后，才能记录和写作；只有勤于思考，才能获得准确的第一手资料，并通过思考从复杂的临床症状和体征中，找出本质性的问题，做出正确的护理诊断，确定护理目标。(见图 9-3-1)

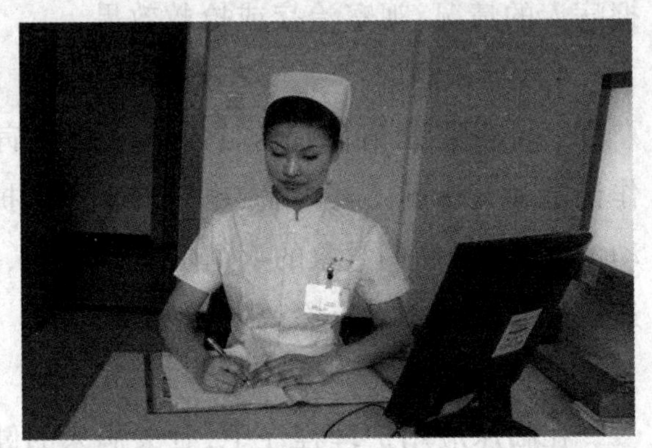

图 9-3-1

第四节　非语言沟通

人的仪表、服饰、动作、表情、空间、时间等非语言符号都可以负载一定的信息而成为人际沟通的载体。非语言沟通是人际沟通的重要方式之一，在人际交往中具有非常重要的地位。

一、非语言沟通的特点及作用

(一)非语言沟通的特点

1.广泛性

非语言沟通的运用是极为广泛的，即使是在语言差异很大的情境中，人们也可以通过非语言信息了解对方的想法和感觉，实现有效的沟通。

2.持续性

非语言沟通是一个不间断的过程。在一个互动的环境中，自始至终都有非语言载体在自觉或不自觉地传递着信息。可以说，从沟通开始，双方的仪表、举止就传递出行为者的有关信息，双方的距离、表情、身体动作就显示着各种特定的关系。

3.真实性

非语言行为比语言行为更能够传递信息的真实含义。一个人的非语言行为更多的是一种对外界刺激的直接反应,往往是无意识的,不像语言沟通中词语的选择可以有意识地控制。

4.情景性

非语言沟通展开于特定的情境中,情境左右着非语言符号的含义。相同的非语言符号,在不同的情境中,会有不同的意义。因此,在实际运用中,只有联系具体的沟通情境,才能了解其确切含义,使非语言符号运用得准确、适当。

5.共同性

无论哪个国家,哪个民族,无论男女老少,都可以用同样的非语言符号来表达同一种情感。有一句话说得好"微笑是无国界的",可见非语言沟通是不同文化背景下人们通用的交际手段。

(二)非语言沟通的作用

非语言沟通在人际交往过程中起着非常重要的作用, 它可以用来交流情感、沟通思想、传递信息。其作用主要表现在以下四个方面:

1.表达情感

老朋友久别重逢,会紧握对方的手,紧紧拥抱对方,以此来表达激动、愉悦的心情。在护理实践中,护士、病人及其家属也常常通过非语言沟通来表达他们的内心状况。例如护理人员紧握手术病人的手表示安慰和鼓励;母亲在小孩病床边紧皱眉头,满眼泪水,传递出她内心的焦虑和恐惧。

2.显示关系

微笑的表情和柔和的语调传递的是友好和热情的关系,而生气的面孔和生硬的语调传递的则是冷漠和疏远的关系。在护理实践中,护士靠近病人坐着,这种交谈方式显示了双方比较平等的关系,但如果护士站着与躺着的病人说话,往往显示护士对病人的控制地位。护理人员开会时,围着会议桌坐着的往往是年资高的、职称高的老护士,年轻的护士和实习生往往坐在第二排。

3.调节作用

在沟通过程中存在着大量的非语言暗示,如点头、摇头、注视、皱眉、降低声音、改变体位等,所有这些都从不同侧面动态地帮助交谈者控制沟通的进行。如护士在倾听病人诉说病史病情时,若微笑着点头,便表示鼓励病人继续说下去。

4.验证信息

病人及其亲属对护士的非语言行为特别敏感，他们常常利用非语言行为来验证或确认语言沟通中的疑问的信息。病人通过护士的非语言行为来判断护士对其病情的真实想法。同时，护士在观察病人时，也应注意其语言和非语言信号表达的情感是否一致，从而掌握病人的真实情况，实施有效沟通。

二、非语言沟通对护理工作的意义

在护理工作中，非语言沟通有着特殊的意义，对促进护患关系起着非常重要的作用。

(一)有利于建立良好的护患关系

非语言沟通对于建立良好的护患关系有着非常重要的作用。由于医院陌生的环境和特殊的卫生设施，病人常常会非常关注护士的非语言行为，并通过护士的非语言行为来推测自己检查治疗的结果。在护理实践中，护士可以通过观察病人的非语言行为来了解病人的病情和心理状态，增进与病人的交流和沟通。如有经验的护士常常通过婴儿的表情、动作，尤其是哭声来判断婴儿的生理需要或是否出现某些病情变化。

(二)有利于建立良好的医护关系

在医护人员的相互交流中，非语言沟通也起着非常重要的作用。医护人员由于工作繁忙，没有过多时间进行交谈，他们之间的语言沟通受到限制和影响。在这种情况下，非语言沟通就可以起到弥补语言沟通不足的效果，增进医护间的相互理解。在一些紧急情况下，医护人员的一个眼神、一个动作都可以达到传递信息的目的。因此，非语言沟通也是建立良好医护关系的重要途径。

三、非语言沟通的各种形式

(一)仪容

仪容是指容貌上的美化和修饰，通常是由发式、面容以及人体未被服饰遮掩的肌肤等所组成。注意仪容修饰既是自尊自爱的表现，也是尊重他人的表现。在人际交往中，每个人的仪容都会引起交往对象的关注，并将影响到对方对自己的整体评价。护士仪容要求端庄、大方、整洁、得体，体现护士的职业特点。

1.发型

护士要考虑到工作特性与职业的需要，设计和修饰适合自己的发型。一般情况下应该选择端庄、文雅，适宜工作环境的发型，不要选择过于前卫或可能影响护理操作的发型,也不要把头发染成艳丽的流行色。此外,还应做好自身头发的日常护理,勤洗发,勤整理,使其干净整洁。

2.皮肤

健康的皮肤能够抵御细菌的侵蚀,防止感染,是仪容美的基础。护士在工作中应保持皮肤清洁,防止皮肤损伤,增强皮肤抵抗力,以适应护理工作的需要。

> 敬爱的周恩来总理在天津南开中学上学时,学校在一面大镜子上悬挂着一副格言,上面写着:“面必净,发必理,衣必整,纽必扣。头容正,肩容平,胸容宽,背容直。气象:勿傲、勿暴、勿急。颜色:宜和、宜静、宜庄。”周总理一生便是以此40字镜铭作为仪容仪表、言谈举止的准则。因此,在他光辉的一生中,永远保持着举世公认的良好气质和优雅的风度。

3.化妆

护士在工作岗位上着淡妆,既可以帮助护士展示自身美好的形象,有利于护士增强自信心,也能使病人感到被尊重。化妆要遵循美观、自然、得体和协调的原则。

(二)仪表

在人际交往的初级阶段,仪表最引人注意,它不仅给人以视觉上的享受,也给人以人格上的尊重,护士高雅大方的仪表既能维护个人和医院的形象,也能给病人以庄重、亲切、可信的感觉。

1.护士服

护士洁白的工作服象征着护士的尊严和责任,体现了护士严格的纪律和严谨的作风。护士服应与工作环境相协调,整洁大方,长短适体,松紧适度,方便工作。护士服的穿着要求整洁、平整、无皱褶、无污渍;衣扣要整齐,长短要适宜,以身长刚好过膝、袖长至腕部为宜;穿在护士服里面的衣服的衣领、袖口和裙边不宜外露。

2.护士帽

护士帽是护士职业的象征,是护士责任的标志。护士帽有两种:燕帽和圆帽。戴燕帽时短发应前不遮眉,后不及领,侧不掩耳,长发要梳理整齐盘于脑后,并用网罩罩住,发饰素雅、庄重,要戴正戴稳,高低适中,用白色发卡固定于帽后。戴圆帽时,要求头发全部遮在帽子里面,不露发际,前不遮眉,后不外露头发,不戴首饰,缝封要放在后面,边缘要平整。护士帽应与护士的整体装束和谐统一,反映出护士高雅的气质。

3.护士鞋袜

护士鞋袜应与护士服相协调，袜子以白色或肉色为宜，袜口不宜露在裙摆或裤脚的外边，着裙装是最好穿长筒袜或连裤袜，配以软底、坡跟或平跟、能防滑的白鞋，以减轻护士长期站立和行走导致的疲劳。

(三)仪态

1.表情

表情是人类情绪、情感的生理性表露，能够最自然、最真实地反映人们的思想、情感，更容易被人们所观察和理解。心理学家认为：人与人的沟通效果=词语(7%)+声音(38%)+表情(55%)。护士在与病人交往中善于运用和调控自己的表情，以取得良好的沟通效果。表情的主要因素一是目光，二是笑容。

(1)目光。目光可以表达和传递感情，也可以显示自身的心理活动，还能影响他人的行为，是传递信息十分有效的途径和方式。目光接触是一种最常见的沟通方式，可以表达喜爱、敌意、信任、怀疑、关心、恐惧等多种情绪。护士应善于从目光接触来判断病人的心态，还应善于运用目光表达不同的情感和意义。如护士温和的眼神能使病人消除焦虑；亲切的眼神能使病人感到安慰；镇定的眼神能使病人获得安全感；关怀的眼神能使病人得到力量与支持。

(2)笑容。微笑是面部表情中最直接、最准确、最迅速传递信息的体态语。微笑自然大方、真诚友善，表现出充满自信、善待他人、乐业敬业的良好心态。在与病人沟通中，护士的微笑往往容易获得病人的信任与好感，使病人感到亲切、温暖、理解和尊重，营造出和谐融洽的气氛，缓解病人紧张与不安的情绪。护士运用微笑要自然、得体，把握好场合和分寸。

2.行为举止

行为举止是指身体各个部分的姿势与动作。它在一定程度上反映一个人的社会角色、文化教养以及心理状态。护士行为举止的职业要求是平等文明、端庄稳重、科学准确。

(1)站姿。站姿是所有体态的基础，通过站姿训练，能使护士保持自然优雅的气质、端庄有礼的风度，得到病人的尊重、信任和爱戴。正确的站姿应当头正颈直，挺胸收腹，臀部收紧，目光平视，下颌略收，双手前握，或自然下垂，双腿直立并拢，双脚脚跟并拢，脚尖分开，身躯保持正、直，重心上提，给人以优雅、自信的感觉。切忌耸肩驼背、倾斜站立或倚墙靠壁，双手环抱于胸前或交叉在腰旁，也不要随意靠在病床上。

(2)坐姿。护士在日常工作中,有许多事是在坐姿下完成的,如听电话、看病历、书写护理记录等。端庄的坐姿既有利于护士的身体健康,减少疲劳,又能体现出护士认真负责的工作态度,增加信任感。就座时应先用手将后衣裙捋平,然后轻坐于椅上,臀部坐于椅子前2/3或1/2处,上身自然挺直,平视前方,两脚并拢后收,双手视需要放于膝盖或桌椅上,给人以端庄、大方、自然、舒适的感觉。

(3)走姿。护士在迎送病人、给病人做护理、发药、推治疗车时,都离不开行走。正确而优美的走姿,能给人一种干练愉悦的感受,并能节省体力,有助于更好地完成护理工作。行走时应抬头、挺胸、收腹、提臀,目光平视前方,肩稍微后展,两腿自然摆动,让病人感受到一种从容不迫、充满青春活力的动态美感。

(4)蹲姿。蹲姿也是护理人员常用的一种姿势,如整理下层放物柜、为病人整理床头柜或拾捡地上物品时,都要用到蹲姿。下蹲拾物时,应站在物品一侧,上身保持挺直,两腿前后自然分开,两腿靠紧,理顺身后衣裙,屈膝下蹲。不要弯腰、俯首、撅臀,这样有失雅观。

(5)持物。端治疗盘是护理工作中使用最多的持物姿势。双手拇指向上,四指在下托住治疗盘两侧中段,将治疗盘放在平腰的位置,双肘靠紧腰部,用肘部将门轻轻推开,进入病房然后用肘部轻轻关门,切忌用脚踢门。持病历夹时用左手握住病历夹中部,置于左前臂的内侧,并使病历夹紧贴于腰部,右手进行书写记录。

(6)指示。是用以引导病人或为他人指示方向的手势。右手或左手抬至一定高度,五指并拢,掌心向上,以其肘部为轴,朝一定方向伸出手臂。

(四)触摸

触摸是非语言沟通的一种特殊形式,包括抚摸、握手、搀扶、拥抱等。在护理工作中,护士可以采用触摸方式对病人的健康状况进行评估,可以用来表达关心、理解、体贴,给予病人无声的安慰和心理支持,也可以将触摸疗法作为辅助治疗手段,起到一定的保健和辅助治疗的作用。护士在运用触摸方式时,应保持敏感和谨慎的态度,注意观察对方的反应并及时进行调整。

(五)距离

人际距离是指人与人之间的空间距离。在人际交往中,处于不同的空间距离,体现出不同的双方关系,从而会有不同的感觉,产生不同的反应,因为人际距离传递出不同的信息。尊重人们这种对空间距离的要求,有利于缓解心理压力、提高沟通的有效性和舒适感。

护士要有意识地控制和调节与病人之间的距离，根据病人的种族、文化、年龄、性别、病情、个性心理以及病人的沟通层次，建立和调节适宜的人际距离，如对儿童和孤独老年病人，缩短人际距离有利于情感沟通。但对有些敏感的病人和沟通层次较低的病人，人际距离应适当疏远，给对方以足够的个人空间，否则会使对方有不安全感、紧迫感，甚至产生厌恶、愤怒、反抗。通过距离选择应用，表现对病人的尊重、关切和爱护。

实践指导　非语言沟通能力训练

训练 1

【内容】

非语言沟通的一般动作。

【目的】

通过角色扮演，感受病人对非语言沟通方式的需求，体会非语言沟通的作用，学会运用非语言沟通方式。

【准备】

1.用物准备：

(1)场地。模拟病房(病床、床头桌)。

(2)道具。体温计、血压计、水杯。

2.环境准备。整洁、安静，温度适宜。

3.学生准备。护士服、护士帽、护士鞋(衣帽整洁，举止得体)；熟悉本节课的内容、要求和目的。

4.案例准备：

病人王某，女，35 岁，因慢性阑尾炎急性发作被亲属搀扶着走入普外科病房，面容痛苦。在此之前，病房已经接到住院处的电话通知，知道该病人马上就到，安排护士小张接待病人。

【方法与过程】

1.教师首先对案例内容进行分析讲解，然后将同学分成若干实践组和评议组，每组 4~5 人。

2.实践组学生进行角色扮演，评议组进行评议。

3.实践组和评议组互换角色，原评议组进行角色扮演，原实践组进行评议。

4.角色分配：护士、病人、病人亲属、观察者。

5.实践场景：

护士(快步迎上前去，面带微笑，轻轻点了点头)："您好，请跟我来，我带您到病房。"(与病人亲属共同搀扶病人来到病房安排好床位)

病人(痛苦的表情勉强露出笑容)："谢谢护士。"

护士(亲切的)："来，让我帮您脱掉鞋子。"(蹲下来帮病人脱鞋)

病人(缩脚，不好意思地)："别，别……"

护士："没关系的。"(与家属共同搀扶病人上床，又给病人盖好被子)

病人(面露感激之色)。

护士(用手背摸了摸病人额头，又触其腕部，测了测脉搏，接着又给其测量了体温和血压)。

病人(指了指桌上的水杯)。

护士(还没等亲属过来，护士已将水杯递到了病人手中)："您渴了是吧？"

护士："我就是您的责任护士，我姓王，有什么事情您尽可以找我，我一定全力帮助您。"(接着向病人介绍了医院的一些情况)

病人(频频点头，表示接受)。

【小结】

面对处于痛苦之中的急性期病人，护士小王运用多种非语言沟通的动作表示出对病人的关心、同情和体贴，如微笑、搀扶、帮病人脱掉鞋子、给病人盖好被子、触摸额头、保持与病人的视线接触、递水杯等等。减轻了病人由于紧张和焦虑引起的疼痛，为病人创造了一种愉悦、安全、可信赖的氛围，取得了良好的沟通效果。

训练2

【内容】

护士行为举止训练。

【目的】

通过训练，使学生行为举止端庄稳重、科学准确，符合护理人员动作姿态的基本要求。

【准备】

1.用物准备：

(1)场地。模拟病房(病床、床头桌)、护士办公室(办公桌、椅子)。

(2)道具。治疗盘、被子。

2.环境准备。整洁、安静,温度适宜。

3.学生准备。护士服、护士帽、护士鞋(衣帽整洁,举止得体);熟悉本节课的内容、要求和目的。

【方法与过程】

1.教师首先对案例内容进行分析讲解,然后将同学分成若干实践组和评议组,每组4~6人。

2.实践组学生进行角色扮演,评议组进行评议。

3.实践组和评议组互换角色,原评议组进行角色扮演,原实践组进行评议。

4.角色分配:护士、病人、观察者。

5.实践场景(实践组的同学分成两组,一组扮演病人,一组扮演护士):

护士为病人配好药,端治疗盘走进病房,站在病床前与病人进行交流、为病人换药。病人不小心把杯子掉到地上,护士走上前来拾起地上的杯子递给坐着的病人。回到办公室,护士坐在办公桌前书写护理记录。

【小结】

同学们通过角色扮演,找出对方在坐姿、立姿、蹲姿方面的优缺点,老师进行点评。

【复习思考题】

1.护理人际关系中的语言沟通原则有哪些?

2.作为一名当代护士应具备哪些语言沟通技巧?如何应用非语言沟通技巧?

3.口头语言与书面语言分别有哪些优缺点?

4.在以往的人际交往中,你通常是倾向于说还是听,请列出你在语言沟通中的优点和缺点各5条?

5.在医院里,病人在手术前,通常由主治医生与家属谈话,告知有关情况并请家属签字同意手术,然而有些病人及其家属在与医生谈话后心情异常紧张,甚至不想做手术了,你认为主要是什么原因,如何改进?

6.一位心理医生曾说:“许多心理障碍的病人到我这儿来,我并没有帮他们做什么,我只是默默地听他们说话,结果他们都很开心,慢慢地,他们的心理疾病也好了许多。”从心理医生的这段话,你能得到什么启示?对你今后的语言沟通有何帮助?

第十章 人际沟通在日常生活中的应用

人际沟通是日常生活中为人处世的一门艺术，在实际工作、生活中运用好协调人际关系的方法和技巧，将有助于建立和谐的工作和生活环境。

第一节 日常人际沟通的形式

沟通的形式有多种，每种形式的沟通与日常工作、生活密切相关。这里，主要讲述几种在日常工作、生活中常见的人际沟通形式。

一、登门访晤

访晤是指拜访、会见，是一种常见的社交活动，它可以增进感情，交流工作经验和加强联系。在访晤中如何做到有礼有节，不损自身形象，应注意掌握合适的技巧。

(一)到住所拜访

因生活和工作需要到对方家中拜访时，要主动与对方取得联系，说明来意，征得同意。

1.事先有约，不做“不速之客”

当你决定去某某家中拜访，最好事先给主人打个招呼，在他方便的时候约定一个恰当的时间。不可贸然前去，以免对方措手不及，而且也可能使自己的计划落空，或处于尴尬局面。

2.准时赴约

准时是对对方的尊重，也是最基本的礼貌。如发生了特殊情况不能按时前往时，应提前通知对方，并表示歉意。

3.敲门或按门铃

到主人家拜访，先要敲门或按门铃，待有回音或主人前来开门时，方可进入，假如开门的人你不认识，应先问“某某某在家吗”？对方给予肯定并请你入内时，方可进门，如果走错了门，切莫忘了说“对不起”、“打扰了”、“不好意思”等客气话以表示歉意。

4.选择小礼品

初次登门拜访做客，一般应酌情考虑带点儿小礼物。如果是常来常往的人一般不需要带礼物，重要的节日或特殊的日子约会，亦不妨带些有意义的小礼品，以表示心意和祝贺。

5.注意常用礼节

见面开始，一般按照长幼有序的常规称呼，握手问好，不太熟悉可递上名片或先自我介绍；待主人让座后再落座；与主人交谈时，不要随意插话和打断别人的讲话。在别人家做客还应注意以下几点：

(1)不要在屋子里来回走动，做出到处窥探的动作。

(2)不要乱翻乱动主人家的东西。

(3)主人招待的食物只能品尝少许，不宜做出大吃大喝的样子。

(4)你若带礼物，进门时要向主人讲明，可以说“东西不多，不成敬意”、“请笑纳”等等。

(5)告辞应选择好恰当的时机，不可显现出急于想离开的样子，尤其不可以在主人还没讲完一段话或一件事时便提出告辞，这样会使主人对你的拜访态度产生怀疑，觉得你对他的谈话不耐烦。

(6)告辞出门，若主人站起送行，不宜停步再交谈，尽快告别为好。别忘了向主人家其他成员招呼“再见”，并邀请他们到自己家里做客。

如果拜访时主人不在家，则应给其家里人或邻居留下自己的姓名、电话或联系方式，以免主人回来后不知拜访者是谁而感到困惑。

(二)到办公室拜访

拜访前要预约，并准时到访。进入办公室前无论门是开是关都应先敲门，允许后方可进入。如果是初次见面，必须向对方问候(包括在场的每一位)，并作自我介绍，让对方明白来意。双方寒暄过后，对方让座，然后大方稳重地坐定，尽量不要坐在其他办公人员的位置上，以免影响他人办公。拜访时间应控制在10分钟左右，最多不要超过半小时。在办公室会见为公事公办性质，一般不宜携带礼品。

二、电话沟通

现代社会电话交谈已成为人们日常生活和社会交往中经常采用的语言沟通形式。在日常生活中，要正确使用电话，不只是熟练地掌握使用电话的技巧，更重要的是自觉维护自己的"电话形象"。

(一)接电话

1.电话铃响时

应尽快去接，最好不要让铃声响过5遍。拿起电话先自报家门："您好，某某科室某某，请问您找谁？"一定不能用生硬的口气说"找谁"、"不在"、"打错了"等语言。态度应热情、诚恳，语调应平和。

2.接电话时

对方的谈话可作必要的重复，内容应简明扼要地记录下来，如时间、地点、联系事宜、需要解决的问题等。电话交谈完毕，应尽量让对方结束对话，若确需自己结束，应解释、致歉。通话完毕，应等对方放下电话后，再轻轻地放下电话，以示尊重。

(二)打电话

1.选择适当时间

一般公务电话最好避开临近下班时间，因为这时打电话，很可能得不到满意答复。公务电话应尽量打到单位，若确需往家里打时，应避开吃饭或睡觉时间。

2.注意礼节

先通报自己的姓名，电话用语应文明、礼貌，电话内容要简明、扼要。通话时声音不宜太大，让对方听清即可。通话完毕说声"再见"，然后轻轻放下电话。

三、应聘面试

面试是用人单位当面观察求职者，考核其知识、职业能力、品德修养、言谈举止的重要方式。参加面试应注意以下几点：

(一)服饰得体

穿着打扮反映了一个人的文化修养和内在品质，在求职面试时可发挥一定的作用。要给人留下整洁、庄重、大方的第一印象，穿着应符合学生的身份。对女生来说，过分的浓妆艳抹和不得体的穿戴都会产生负面影响，如口红颜色太艳、穿过高的高跟鞋、佩戴珠宝首饰等。

(二)遵守时间

准时抵达面试地点。面试时,不管出现什么情况,考生都不能迟到,无论在什么情况下,都不能让考官等待。

(三)表情自然

进门后,要自然地微笑,友善地平视主考人员,而不要环顾四周。请你坐下说话时要说声“谢谢”。落座后,身子应稍向前倾。如果提出的问题有一定的难度千万别慌张,应沉稳地说“对不起,请老师再说一遍”,争取有更多的时间思考。

(四)调整情绪

不要有过多的小动作,面试中任何一个不经意的小动作,如不停地摸头发、玩圆珠笔、不停地舔嘴唇等,都会让主考官对你的印象大打折扣,因为这些行为反映了面试者的紧张情绪。

四、网络沟通

(一)网络人际沟通的主要途径

1.网络聊天交友

网络聊天主要是通过“QQ”或“MSN”和有关网站的“聊天室”进行。网络使用者通过注册自己的名字申请一个号码,成功后即可在网上聊天,也可以选择加入某个聊天室聊天。交友则是在网上留下自己的基本资料和联系方式后,让有意者回复。

2.BBS 版面活动

人们可以在电子公告板上就有关国内外大事,校园文化生活、情感、娱乐休闲等有关话题,发表自己的观点。

3.电子邮件

电子邮件是一种使用程度很高的人际沟通方式,可传递文件、信息、卡片、图片等资料,它不受时空的限制,且费用低廉,只要利用自己的 e-mail 账号,便可传递邮件给对方,方便快捷。

4.博客

Blog 中文意思是“网络日志”,而博客(Blogger)就是写 Blog 的人。实际上个人博客网站就是网民们通过互联网发表各种思想的虚拟场所。

(二)网络对沟通行为的影响

网络沟通的特点是几乎可实现信息的同步传输,利用网络沟通的两个个体可几乎同时共享文字、声音、图像等资料;信息量的传递和获得相关信息的能力比任何一种沟通方式都更具优势。

网络带给人类沟通行为变化的优点在于:沟通形式多样化;更加不受地域的限制;沟通范围更大;沟通成本更为低廉。

但另一方面也存在一些问题:使人们之间面对面交流的机会越来越少;使人们相互之间的信任感降低了;特别是对于青春期的学生来说,在网络这个新生事物中,他们往往难以很好地把握自己,片面地以“人机交往”来代替“人际交往”,在网络创造的虚拟环境中,体验着一种虚拟的情感,使自身沉醉于一种虚拟的满足,回避直接面对的矛盾和现实的世界。造成了近距离沟通的疏离,忽视了身边的亲情和友情,严重影响了他们的生活方式,导致了人际关系的淡漠,形成新的人际障碍。

因此,为了更好地发挥网络沟通的良性作用,学生上网就注意以下几点:

第一,先学习国际互联网的基本知识,包括如何在网络中查询资料、通信、安装网管软件等。

第二,不要轻易告诉网友自己真实详细的个人资料,尽量不要上传自己的资料和照片。

第三,不要单独去与网友会面。如果认为非常有必要会面,则到公共场所,并且要父母或好朋友(年龄较大的朋友)陪同;当你单独在家时,不要允许网上认识的朋友来访问你。

第四,记住,任何人在网上都可以匿名或改变性别等;你在网上读到的任何信息都可能不是真实的。

第五,控制自己使用网络的时间。在不影响自己正常生活、学习的情况下使用网络。最好平时用户较少的时间进行网络通信等,在节假日可集中使用。

第六,切不可将网络(或电子游戏)当做一种精神寄托。尤其是在现实生活中受挫的青少年,不能依赖网络来缓解压力或焦虑。应该在成年人或朋友的帮助下,勇敢地面对现实生活。

第二节　日常人际沟通的影响因素

日常人际沟通通常会受到各种因素的影响和干扰,这些因素影响沟通的质量和准确性,直接关系到能否达到有效的沟通。

古今中外知名的政治家、思想家,他们之所以能够传播他们的思想,并对社会造成一定影响,其中很大的因素就是他们具有很强地与他人沟通的能力,有很高超的沟通技巧。比如春秋战国时期的孔子,就是一位具有很强口语沟通技能的思想家。春秋战国时期,百家争鸣,每一学说争鸣的目的,无非是求得社会的认同,使他们自己的思想成为群体乃至整个社会的思想,当时的孔子,面对"礼崩乐坏"的局面,他周游列国,宣扬"克己复礼",靠着他的执著和高超的口语沟通技巧,有些"游说"获得了成功。

一、环境因素

环境的好坏直接影响沟通效果。如房间光线昏暗、室温过高或过低及难闻的气味等因素,会造成沟通者看不见对方的表情、精神涣散、注意力不集中等问题。简单庄重的环境布置和氛围,有利于集中精力,进行正式而严肃的会谈,但也容易使沟通者感到紧张压抑,而色彩亮丽活泼的环境布置,可使沟通者轻松愉快,有利于随意交谈。

二、距离因素

美国学者 E.T.霍尔提出了距离学的理论,来阐述人际距离影响沟通的问题。他把人际距离分为四个区域:一是亲密区:0~0.46 厘米,适用于彼此关系亲密或亲属之间。二是熟人区:0.46~1.2 厘米,适用于老同学、老同事及关系融洽的师生、邻里之间。三是社交区:1.2~3.6 厘米,适用于参加正式社交活动或会议,彼此并不十分熟悉的人之间。四是演讲区:>3.6 厘米,适用于教师上课、参加演讲或作报告等。可见,在人际交往中,距离越近则表明双方关系越密切。所以适当的交往距离等会促进沟通的顺利进行。

三、情绪因素

沟通中任何一方处于情绪不稳定状态如高压力、愤怒、兴奋时,可能会出现词不达意、非语言行为过多的状况,从而影响沟通效果。因此,要学会控制自己的情绪,以确保自己的情绪不妨碍有效沟通。

四、生理因素

永久性的生理缺陷会长期影响沟通。包括:一是感觉功能不健全,如听力、视力障碍甚至是聋哑、盲人等。二是智力发育不健全,如弱智、痴呆等,对这些特殊对象进行沟通是要采取特殊的方式,如加大声音强度和光线强度,借助哑语、盲文等。

五、个性因素

个性是指由人对现实的态度和他的行为方式所表现出来的心理特征。个性是影响沟通的重要因素。一个人是否善于沟通，如何沟通，与人的个性密切相关。热情、直爽、健谈、开朗大方、善解人意的人易与他人沟通；相反，性格孤僻、内向、固执、冷漠、拘谨、狭隘、以自我为中心的人，很难与人正常沟通。

实践指导　日常生活中人际沟通训练

【内容】

求职面试沟通。

【目的】

训练学生掌握求职应试的技巧和注意事项。

【准备】

1.用物准备。笔记本、笔，获取的各种证书、证件复印件。

2.环境准备。整洁、安静。

3.学生准备：

(1)预习和阅读有关应聘案例。

(2)了解和掌握求职应试应掌握的技巧。

(3)根据自己的特长，写出应聘发言稿，并做到脱稿应聘。

【方法与过程】

考官：首先宣布应聘要求及规则，然后请同学先作自我介绍。

应试者：介绍自己的基本情况。

考官：你的特长及理想是什么？

应试者：讲述自己的特长及理想。

考官：你认为自己的不足是什么？

应试者：客观地说出自己的缺点。

考官：如果这次没有被聘用，你有什么想法？

应试者：讲出自己的想法和打算。

【小结】

面试是用人单位当面考察求职者知识面、个人修养、职业能力、言谈举止的重要方式，是给学生提供客观、公平、公正的竞争机会的最佳时机，每位应聘者都应认真准备，积极应聘，合理使用沟通语言，恰当应用沟通技巧。机会总是留给有准备的人的。

【复习思考题】

1.举例说明如何进行拜访？

2.怎样才能使自己从众多的求职者中出类拔萃？

3.电话沟通时应注意哪些问题？

4.网络沟通有哪些形式？

5.网络沟通行为会对我们产生哪些影响？

6.日常人际沟通的影响因素有哪些？

第十一章　护理工作中的人际沟通

在人才竞争日益激烈的时代,具备良好的人际关系及沟通能力是优秀护理人才在竞争中立于不败之地的关键。

第一节　护理工作中的各种关系沟通

一、护士与病人之间的关系沟通

在护理工作中存在着许多人际关系,在众多的人际关系中,护士与病人间的关系处理是否得当,对护理工作的好坏起着举足轻重的作用。

(一)护患关系的特征

1.是一种帮助与被帮助的专业性关系

护患关系是以解决病人在患病期间所遇到的生理、心理、社会等方面的问题,满足病人需要为主要目的的一种专业性的人际关系。护士要运用自己的护理专业知识、技能帮助病人,解决病人的身心问题。(见图11-1-1)

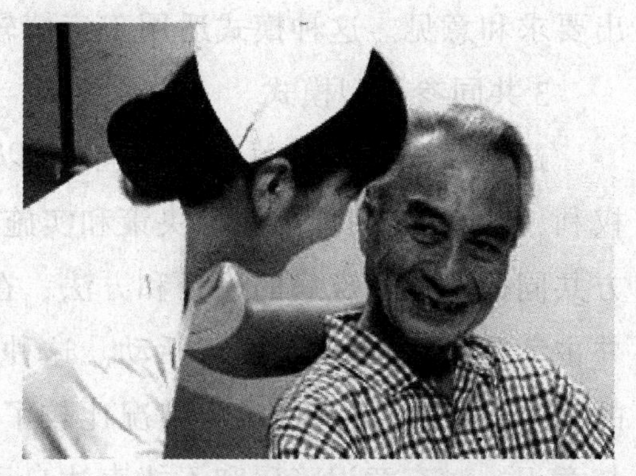

图 11-1-1

2.是一种工作需要的治疗性关系

护患关系是护理工作的需要,护理与病人之间的人际交往是一种职业行为。护士对所有的病人应一视同仁,并设身处地地为其着想，真诚地给予其帮助。一切护理活动及护患交往都是以病人为中心，以解决病人的护理问题为目的，以病人的健康为宗旨。护士作为一名帮助者，有责任使护理工作起到积极的治疗作用，使护患关系成为一种治疗性关系。

3.是一种多方面、多层次的关系

护患关系不完全局限于护士与病人之间，它涉及医疗护理过程中多方位的人际关系。如家属、朋友、同事等也是护患关系的重要组成部分。这些关系会从不同的角度影响护患关系。

4.是一种专业性的互动关系

护患关系不是护士与病人之间简单相遇的关系，而是护患之间相互影响、相互作用的专业性互动关系。互动双方的一些特征，如个人的背景和经历、知识、情感、受教育程度、性格特点、对健康与疾病的看法等，均可影响双方对角色的期望和相互关系。

(二)护患关系的基本模式

1976年，美国学者萨斯与荷伦德提出了三种医患关系模式，这种模式同样也适用于护患关系。

1.主动—被动型模式

这是最古老的一种护患关系模式。其特点为"护士为病人做什么"，护士在护患关系中占主导地位。这种模式主要适用于昏迷、神志不清、婴幼儿或缺乏自理能力的病人的情况。

2.指导—合作型模式

在护理活动中，护患双方都具有主动性。其特征是"护士教会病人做什么"，以执行护士的意志为基础，但病人可以向护士提供有关自己疾病的信息，同时也可以提出要求和意见。这种模式适用于病情较重但神志清醒、病程短的急性病人。

3.共同参与型模式

这一模式的护患关系是双向的，以平等合作为基础，护患双方具有大致同等的权利，共同参与护理措施的决策和实施。其特征为"护士帮助病人自我恢复"，护患双方共同探讨护理疾病的途径和方法，在护理人员的指导下充分发挥病人的积极性，并主动配合，亲自参与护理活动。这种模式主要适用于慢性病病人和受过良好教育的病人，他们对自身的健康状况比较了解，把自己看做战胜疾病的主体，有强烈的参与意识。对有意识障碍和不能表达自己主观愿望的病人来说，不适合采用此模式。

(三)护患关系的发展过程

在护理活动中,护患关系的发展是动态的过程,各阶段是相互重叠、相互影响的。根据护患关系的发展过程,一般将护患关系分为以下四期:

1.认识期

是护士和病人的初识阶段,也是护患之间开始建立信任关系的时期。当病人寻求专业帮助与护士接触时护患关系开始建立。认识期是了解问题的时期,此期的主要任务是彼此间建立信任关系和确认病人的需要。

2.工作期

此期是确定适当的专业性帮助的时期。在这一阶段,双方可能发生不愉快和争执,要求双方有更多的理解,也就是说要求一个更有力的治疗性关系,才有利于病人做出适当的选择。

3.进展期

在此期,病人可以得到根据其他需要和利益的所有可能的服务。病人也会逐渐感到护理帮助可以使病情好转,并显示出主动性,开始参与自我照顾,并逐渐建立了自我责任感。护士应鼓励病人认识问题,引导他们发挥自己的潜在力量。

4.结束期

此时病人的需要已经在护士和病人的共同努力下得到满足, 因而他们之间的治疗性关系可以结束了。这一阶段的病人不只是躯体上已经基本康复,心理上也应表现出情绪是良好的,具备能独立处理问题的能力。但应注意,一些病情可能会反复出现。

(四)建立良好的护患关系对护士的要求

建立和谐的护患关系是开展护理工作的重要前提,建立相互信任、相互尊重的关系能明显提高护患之间的合作程度,也有助于有效地实施各项护理措施。融洽合作的护患关系对病人是一种良好的社会心理支持。一个合格的护士应该维持健康的生理、心理状态,用护士积极向上的心境感染病人、教育病人。护士应具有爱心、同情心,以真诚的态度对待每一位病人,让他们感到温暖和得到支持,从而愿意接受帮助。护士要不断汲取新理论、新知识、新技能,不断充实自己,提高护理水准。护士要学会运用沟通的技巧,全面了解病人生理、心理、社会需要。

二、护士与病人家属之间的关系沟通

在护理工作中,病人家属是沟通和联络病人感情、调整护患关系的纽带。通过与病人家属的沟通,护士可以得到更多有关病人的信息,有利于护理计划的制订和实施。

(一)病人家属的角色特征

1.病人原有家庭角色功能的替代者

病人患病前在家庭中的角色功能是相对固定的。一旦生病,其原有角色功能就由其家庭中的其他成员分担或替代。家庭其他成员如果能够迅速承担病人原有的角色功能,就能使病人尽快地消除患病后的心理压力,尽快进入病人角色,安心治病。

2.病人病痛的共同承受者

疾病不仅给病人带来痛苦，同时也会引起病人家属一连串的痛苦心理反应,尤其是对于突发事件导致的危重病人或绝症病人的家属。按照我国医疗保护的惯例,对于心理承受能力较差的病人,医护人员一般是首先将病人的病情和预后告诉病人的家属。因此,病人家属常常首先要承受精神上的打击,他们的心情极其痛苦,还要在病人面前强装笑容。

3.病人的心理支持者

病人患病后容易出现焦虑、恐惧等心理问题,需要有人给予排解和安慰,而病人家属就是帮助病人稳定情绪,排除心理干扰的最合适人选,有着其他人无法替代的作用。

4.病人治疗护理过程的参与者

整体护理需要病人的积极配合和参与。但如果遇到一些特殊病人,如婴幼儿病人、高龄病人、危重病人、精神病病人等不能自主参与治疗护理时,就需要病人家属的积极参与和配合。同时,病人家属是病人病情的知情者,能够及时为医护人员提供可靠的、对诊断有价值的相关资料,有利于疾病的诊断和护理计划的制订。

5.病人生活的照顾者

由于疾病的严重程度不同,病人的生活自理能力也受到不同程度的影响,如脑梗病人一侧肢体功能丧失,心梗病人需要绝对卧床休息等,因此在病人住院期间或出院以后一段相当长的时间里，病人家属都会义不容辞地承担照顾病人生活的责任,帮助病人度过生活不能自理的困境。但在护理工作中,不能因为病人家属承担了照顾病人的责任,护士就可以把自己的工作推给病人家属,更不能让病人家属取代护士工作,而应减少病人家属对病人的直接护理,减少陪护人员。

(二)护士在与病人家属沟通中的角色

1.热情的接待者

病人入院后,家属往往会经常探望病人,护士应热情接待来医院探视病人的家属。在接待过程中,护士应以礼相待,主动向病人家属介绍医院环境和有关规章制度,交代探视时应注意的问题,询问是否需要帮助,使病人家属有一种被尊重的感觉,从而主动与护士一起承担对病人照顾的角色功能。

一位妇女抱着身患重病的孩子来到医院,医生要求孩子住进重症监护病房。看着怀里只有半岁的孩子,这位妇女难受极了。但为了孩子,她还是来到重症监护病房门口,门已经打开了,站在门口的护士亲切地问道:“是住院吗?”“是的,孩子的病很重。”“刚才急诊室已经打电话通知了,我们已经做好了准备,你在这等一下,医生马上就来。”这时,护士轻轻地接过只有6个月大的孩子,一边哄着孩子,一边对孩子的妈妈说:“这孩子真可爱。”看着护士,孩子的妈妈顿时觉得心里踏实多了。

2.主动的介绍者

病人家属到医院探视是为了安慰病人和了解病人的治疗护理情况。护士应理解病人家属的这种心情,主动向他们介绍病人的诊疗情况及预后,以减轻他们紧张焦虑的心情,以便病人家属提前做好安排。当病人病情发生变化或恶化时,护士应及时向病人家属通报情况,冷静耐心地做好解释工作,并对他们表示关心与支持,以取得病人家属的理解与配合。

3.耐心的解答者

当病人家属向护士询问各种健康问题时,护士应根据自己掌握的专业知识和临床经验耐心解答病人家属提出的问题,把解答病人家属的询问作为建立良好护患关系的重要内容,以消除其疑虑,增强其对医护人员的信赖感,促进护患关系的协调发展。

4.热心的帮助者

疾病使病人的家庭面临新的困难,希望能在住院期间得到护士的帮助和支持。如果护士能了解病人家属的困难,向他们表示理解和同情,并主动为他们提供帮助,病人家属就会非常感激,就容易在护患间建立和谐的关系。护士应耐心细致地做好病人家属的思想工作,使他们能够正确对待病人的疾病,并继续协同护士共同稳定病人的情绪,使病人能够安心地接受治疗。

5.护理的指导者

一般情况下,病人家属都愿意与护士一起共同承担照顾病人的工作,但是多数病人家属并不具备基本的医疗护理知识,不知道该如何照顾病人,这就要求护士对他们进行正确的指导,尤其是对即将出院的病人,护士应主动与病人家属进行沟通,与他们一起拟订病人出院后的康复计划,指导他们按照计划帮助病人继续治疗和休养。

三、护理工作中的其他关系沟通

(一)医护之间的关系沟通

1.相互依存,缺一不可

医疗护理是两个并列的要素,共同组成了诊疗疾病的全过程。没有医生的诊断治疗,护理工作就没有头绪;没有护士的具体操作,医生的诊治方案也无法落实。所以说,医生的正确诊断与护士的优质护理配合,是取得最佳医疗效果的保证。

2.相互独立,不能替代

医生和护士在医院为病人服务时,只有分工不同,没有高低之分。在医疗工作中,医生起主要作用,护士参与其中某些工作。而在护理工作中,护士根据病人的病情,从整体护理出发,制订符合病人个体的护理方案,这其中既包括了医生护士的协助性工作,也体现了护士工作的独立性,如对病人的心理护理、生活护理、饮食护理、环境护理、健康指导等。

3.相互监督,互补不足

由于医护之间关系密切,又相互独立,这就为监督和互补提供了可能,医护之间可通过工作关系监督对方的医疗护理行为,及时发现和预防差错的发生。

4.建立良好医护关系的原则

(1)病人第一原则。就是要把病人的生命、健康和利益放在第一位,在这个原则下建立医护双方相互平等的和谐关系。如果医护之间因为角色权利发生争执时,双方应该在"病人第一原则"的指导下加强沟通,防止因为个人之间的权利争议影响病人的治疗与护理。

(2)尊重他人原则。医护之间要相互尊重,任何一方都不应该轻视或贬低另一方。双方要团结协作,主动配合,主动帮助对方在病人面前树立威信。在工作中还要相互支持、相互学习、相互理解,保持平等合作的良好关系。

5.护士在促进医护关系中的作用

(1)主动介绍专业。护士在工作中应主动向医生介绍本专业的特点与进展,尽管医护之间有着密不可分的关系,但并不等于医生就了解护士的工作,尤其是在整体护理的推广与实施的过程中,更需要护士主动介绍整体护理的特点、内容及具体实施办法，以得到医生的理解与协作。

(2)树立良好形象。作为医护工作者必须热爱自己的职业，对自己的职业价值有深刻的认识与理解。医生的行为举止应该是沉稳谦逊，善于思考，能给人以依赖感；护士的行为举止则应得体细腻，服务细致，能给人以亲切感。

(3)相互学习、相互理解。理解和尊重对方工作是医护双方相互配合的基本要素，明确各自的责任与义务，在专业上相互学习，在工作中取长补短，形成一个相互学习、相互理解的合作氛围。

(4)加强双方沟通。医护之间的沟通协作对医疗护理工作的开展非常重要。如在制订诊疗方案和护理计划时，医护双方要互通信息，使医生的诊疗方案能够为护理计划提供依据，护士的护理措施能够保证医疗方案得到及时实施。当医护合作出现问题时，护士应以理服人，不要得理不饶人，应主动谅解对方，善意提出合理化的意见或建议。切忌在病人面前与医生发生争执，更不要在病人或病人家属面前议论医生在治疗中的不妥之处，以免影响医护关系，发生医疗纠纷。

(二)护际之间的关系沟通

护际关系是指护士之间的关系。护际关系沟通是指护理人员之间的交往与沟通。由于护士的知识水平、工作经历各不相同，因此，在人际交往中会产生不同的心理状态，从而发生矛盾冲突。为了避免护际之间的矛盾冲突，必须掌握护际之间的沟通策略。

1.护理管理者与护士之间的关系沟通

(1)护士与护理管理者之间的关系沟通。护士在与护理管理者沟通时，对护理管理者的希望主要表现在三个方面：一是希望能与护理管理者搞好关系；二是希望护理管理者有较强的业务能力和组织管理能力，能够在各方面对自己进行帮助和指导；三是希望护理管理者能够公平公正地对待每一位护士。而不同年龄段的护士对护理管理者也存在不同的要求：如老护士希望得到护理管理者的尊重，并能够根据他们的身体情况和工作经验分配适当的工作；中年护士则希望得到护理管理者的重用，在工作中能够发挥他们年富力强的优势；年轻护士希望得到护理管理者的赏识，为他们提供更多的学习与进修的机会。

(2)护理管理者与护士之间的关系沟通。护理管理者与护士沟通时，对护士的要求主要体现在以下四个方面：一是希望护士有较强的工作能力，能按要求完成各项护理工作；二是希望护士能够服从管理，支持科室工作；三是希望护士能够处理好家庭与工作的关系,全身心地投入工作;四是希望护士有较好的身体素质,能够胜任繁忙的护理工作。明确双方对自己的角色期望,并努力达到对方的期望值,在护士管理者与护士的关系沟通中才能形成和谐的护际关系。

2.护际之间的关系沟通

(1)新、老护士之间的关系沟通。由于工作经历、学历等不尽相同,新、老护士之间容易在沟通过程中发生矛盾。如年长的护士容易因自己临床经验丰富、工作能力强、技术职称高而看不起年轻的护士,认为年轻护士不热爱护理专业,缺乏敬业精神,工作敷衍了事,拈轻怕重,而年轻的护士则容易因为自己精力充沛、知识面广、反应敏捷、动作迅速等看不起年长的护士,认为年长的护士墨守成规,从而形成新、老护士之间的沟通障碍。

(2)不同学历护士之间的关系沟通。随着高等护理教育的发展,临床上具有本科以上学历的护士越来越多。以自己学历高、理论基础扎实自居的少数高学历护士,不愿意从事基础护理工作,也不愿意向临床经验丰富的低学历护士学习;而一些学历不高的护士,对那些只注重理论知识、不注重临床实践的高学历护士又心存芥蒂,从而导致交往障碍。

(3)护士与实习护士生之间的关系沟通。护士与实习护士生之间一般都能够保持较好的师生关系,但在护士生不能达到带教老师的要求时,或带教老师缺乏带教能力时就可能发生矛盾。如在带教过程中,带教老师过多地指责护士生,甚至对其态度冷淡、不耐心指导,就会使护士生对带教老师产生厌恶心理,师生之间发生矛盾冲突;而护士生在实习过程中,如果自认为有能力而不虚心学习,不懂装懂,甚至不尊重带教老师,尤其是具有高学历的实习护士生,就会使带教老师产生不愿意带教的心理,从而影响护士生的实习效果。(见图 11–1–2)

图 11–1–2

(4)如何做好护际之间的关系沟通。创造民主和谐的人际氛围。加强信息沟通是护理人员内部关系和谐的基础。作为护理管理者,既是护理工作的管理者,也是护际关系的协调者,在工作中要多用情、少用权,要通过自己的品德、技能、知识和情感等非权力因素影响每一个护士,充分发挥凝聚力的作用,要以身作则、严于律己、知人善用、以理服人。作为护士,要尊重领导,服从管理,要理解护理管理者工作的难处,与其他护士互帮互学,和睦相处,相互促进,相互提高。年轻护士应该多讲奉献精神,多向老护士学习;年长护士应该多帮助年轻护士掌握正确的护理方法和操作技巧,在护理实践中耐心地做好传、帮、带,使年轻护士能早日熟练开展各项临床护理工作。学历高的护士应该多向临床经验丰富的护士学习,而实际工作能力强的护士则应该多向专业理论扎实的高学历护士学习,以形成一种民主和谐的人际氛围。

创造团结协作的工作环境。护士之间既要分工负责,又要团结协作,上一班护士多替下一班护士考虑,把困难留给自己,把方便让给别人,形成一种团结协作、和谐向上的工作氛围。

(三)与其他健康工作者之间的关系沟通

在医院工作中,护士除了要与医生沟通外,还要经常与其他健康工作者沟通。其他健康工作者包括医技辅诊、后勤服务等间接为病人服务的人员。要处理好这些关系,交往双方必须树立全局观念,相互尊重,相互理解,相互支持,相互配合。

1.理解与尊重

在与其他健康工作者的交往中,护士应注意体现自身良好的职业道德和个人修养,与不同知识层次、不同专业类别的人沟通。如果在沟通中因为护士的原因导致沟通障碍,护士应主动承担责任,多做自我检查。如果是因为对方的原因造成一时的工作被动,则应根据情况采取对方能够接受的方式提出自己的意见和看法,并主动帮助对方做好善后工作,将失误的不良影响降低到最低的程度。只有这样才能保证医疗护理工作的正常运转,保持良好和谐的人际关系。

2.支持与配合

与其他健康工作者之间保持良好的支持与配合关系,是顺利开展护理工作的保证。作为护理人员应把病人的利益放在首位,同时也理解这些部门的工作,设身处地地为对方着想。如果对方工作安排有困难时,护士应在不影响病人治疗护理的前提下,主动调整工作方法,尽可能地为对方工作提供方便。

(1)护士与检验人员配合。正确掌握标本采集的要求与方法,了解疾病的诊断、治疗与检验的关系,做到及时、准确地送验标本。

(2)护士与影像检查人员配合。严格按照影像检查前的要求进行准备,并按照预约时间,及时将检查者和所需物品送至检查场所。

(3)护士与药剂人员配合。按照药品管理规定,有计划地做好药品领取和报损工作,严格遵守毒麻药品的管理制度。

(4)护士与后勤人员的配合。理解、体谅后勤人员的劳动,加强对公共设施的保护,以减少后勤人员不必要的工作量。

第二节 治疗性沟通

一、治疗性沟通概述

(一)治疗性沟通的含义

治疗性沟通是一般人际沟通在护理实践中的具体应用，其信息发出者是护士，接收者是病人,要沟通的事物是属于护理范畴以内的专业性事物。不仅限于医院范围内,也包括家庭和社区的所有与健康照顾有关的内容。目的是帮助病人进行身心调适,为病人提供健康服务、满足病人需要。目前,治疗性沟通已经被国内外护理界认为是最能体现护士职业价值的护理行为之一。

因此,凡可起到治疗作用的,围绕病人的健康问题,具有服务精神的、和谐的、有目的的沟通行为皆可称之为治疗性沟通。

(二)治疗性沟通的目的

第一,建立良好的护患关系,以利于护理工作顺利进行。

第二,收集病人的相关资料,进行护理评估,为护理诊断提供依据。

第三,与病人共同讨论确定需要解决的护理问题。

第四,制订一个目标明确、行之有效的计划,从而达到预期目标。

第五,观察病人的病情变化及护理效果,确定新的护理问题。

(三)治疗性沟通的原则

第一,要有特定的专业内容。沟通的内容为病人的健康问题。

第二,适应心理,社会原则。针对病人不同的年龄、职业、文化程度、社会角色来组织内容,运用不同沟通方式。

第三,良好护患关系的原则。评估病人的健康状况,收集病人的资料,最常用的方法就是交谈。交谈技巧的运用可促进良好护患关系的建立。

二、护理操作用语

在护理工作中,护士为病人进行护理技术操作的前、中、后都应进行解释与指导,这样可以增加病人的认识和理解,减轻病人的心理负担,从而能使病人更好地配合完成操作。

(一)护理操作用语的组成

一般分为操作前解释、操作中指导、操作后嘱咐三部分。

1.操作前解释

根据病人及病情的具体情况,解释本次操作的目的、病人应做的准备,简要介绍操作方法和在操作过程中病人可能产生的感觉及需要配合的事项。态度诚恳地做出尽量减少病人不适的承诺。

2.操作中指导

主要是指导操作中病人的配合方法,使用安慰性的语言转移病人注意力以及使用鼓励性语言增强其信心等。

3.操作后嘱咐

常包括亲切询问病人的感觉,观察是否达到预期效果,交代必要的注意事项,同时感谢病人的配合。

(二)护理操作用语举例

1.压疮的预防、护理

【病例】3床,李某,男,67岁,已婚,退休干部。因头晕、乏力、发热入院。查:T39℃,P20次/min,BP120/60mmHg,颈部淋巴结肿大,全身疼痛。门诊病理活检后诊断淋巴瘤。护士小刘为其护理。

(1)操作前解释:“李大爷,您好!我是您的管床护士小刘,您这两天高烧不退,而且一直卧床。请您往左边翻一下身,我看看您的皮肤。您的骶尾部及双肩部皮肤都压红了,我准备给您做皮肤按摩,希望您能配合。我知道您翻身时全身疼痛,您自己慢慢翻,我会轻轻协助您的。”

(2)操作中指导:①“李大爷,您往右侧卧行吗?我现在要把您的外衣脱掉,不用担心,门窗我已经关好了,房间里暖气也开着,您不会着凉的。”②“李大爷,我要铺一条浴巾在您身下,现在先用湿水帮您擦身,有不舒服的地方请告诉我。”③“李大爷,我开始帮您做按摩了,如果我用力太大,请立即告诉我,我会轻一些。”④“李大爷,您觉得这样舒服吗?”

(3)操作后嘱咐:①“李大爷,按摩很顺利,谢谢您的配合。”②“请安心休息,您高热出汗后皮肤受汗液刺激,加上您消瘦,皮肤容易压坏。所以要经常翻身,呼叫器在这儿,您翻身时可以叫我,我会过来协助您。”③“您多吃一点儿高营养、高蛋白、易消化的食物,这样您的身体会很快恢复的。”

2.生命体征测量

【病例】张某,女,31岁,工程师。主诉:停经37周,双下肢水肿1周;门诊检查:胎心正常,无宫缩,血压145/95mmHg,尿蛋白(±);初步诊断:①37周妊娠;②子痫前期(轻度)。收入院,安排住10床,将测量体温、脉搏、呼吸、血压。护士小王为其护理。

(1)操作前解释:“张姐,您好!我是当班护士小王,您的床位安排在10床,我带您去床上休息。20分钟后我会给您测量体温、脉搏、血压,为您的诊断和治疗提供依据,因您刚上楼,立刻测量,会有误差。现在您好好休息,有什么不舒服,请按这儿的传呼器叫我,好吗?”

(2)操作中指导:①“张姐,现在开始测量了,请您平卧。先给您测量体温,体温计放在左侧腋下(以便右侧测量血压)。您试试腋下是否干燥,若湿润,我帮您先擦干后再测,请您将手臂弯曲,掌心贴胸,夹紧体温计,10分钟后看结果。”②“张姐,请您把右手腕伸直,掌心向上,我给您数脉搏。”③“现在测量血压,来,我帮您把袖子向上卷,请您把手放平,血压计袖带充气时手臂可能有些胀,很快就会好的。张姐,您先休息,过几分钟后我来看体温测量结果。”④“张姐,体温测量时间到了,我看看体温计。”

(3)操作后嘱咐:①“张姐,您的体温、脉搏、呼吸均正常,只有血压比正常值稍高一些,医师一会儿就来看您。”②“您要注意数数胎动,多取左侧卧位,同时注意休息,减少活动;饮食方面多吃些牛奶、豆制品、瘦肉、鱼、蔬菜、水果等,盐味淡一些。”③“您有什么不舒服,请及时告诉我,我也会随时来看您,谢谢您的配合。”

3.肌内注射

【病例】12床,陈某,女,50岁,教师。主诉:腹痛,腹泻半天;体查:脐周有压痛,无反跳痛及肌紧张;诊断:急性肠炎;医嘱:山莨菪碱(654-2)10mg肌内注射。护士小张为其护理。

(1)操作前解释:“陈老师,您好!我是当班护士小张。您现在腹痛,我为您肌内注射止痛药山莨菪碱,注射疗效比口服药快而强,药液通过血液循环很快到达局部而发挥止痛作用。请您放心,不要紧张,在注射过程中我保证很轻,希望得到您的配合。”

(2)操作中指导:①“陈老师,请您采取左侧卧,选择右侧臀部肌内注射,好吗?下腿稍弯曲,上腿伸直。”(协助病人取得适当体位)②“陈老师,现在消毒皮肤,有点儿凉的感觉,请别紧张,放松肌肉。”③“您以前打过针吗?您早餐吃过了吗?你们当教师的很辛苦,为了学生的健康成长废寝忘食。”(找话题分散其注意力)④“推药液时可能有点儿胀。您配合得很好,请坚持一下,很快就好了。”(注意观察病人的反应)

(3)操作后嘱咐:①“陈老师,注射很顺利,谢谢您的配合。”(注意用药后反应,协助病人盖被)②“陈老师,您躺着休息一会儿,这药注射后,可能感到口干,您现在需要喝水吗?近几天不要吃辛辣刺激食物和生冷食物。”③“若有什么不舒服,请立即按铃,铃就在这儿,您放心,我会及时来看您的,谢谢您的配合。”

4.密闭式静脉输液

【病例】22床,方某,女,32岁,无业。主诉:左膝关节肿胀伴发热、疼痛5天。检查:体温39.2℃,脉搏90次/min,呼吸20次/min,血压118/65mmHg。神志清楚,左膝关节肿胀明显,局部皮温高,白细胞计数15×10^9/L,关节腔穿刺液镜检可见大量脓细胞。诊断:左膝化脓性关节炎。医嘱:5%葡萄糖250ml+克林霉素1.8g,静脉滴注,每天1次。护士小赵为其护理。

(1)操作前解释:“方大姐,您好!我是护士小赵,您的左膝关节有炎症,需要进行抗感染治疗,现在我为您输抗生素——克林霉素,您需要先去解小便吗?”

(2)操作中指导:①“方大姐,选择右手穿刺输液,好吗?我帮您躺好。”②“方大姐,现在消毒皮肤,有点儿冰凉的感觉,请别紧张。”③“为了减轻膝关节的疼痛,平时要把患肢适当抬高,促进局部血液回流和减轻肿胀。”(穿刺过程中寻找话题,分散病人的注意力)④“方大姐,液体已输好了,有什么不舒适吗?”(同时观察病人的反应)

(3)操作后嘱咐:①“方大姐,输液很通畅,滴速我已调好,您自己不能随意调节,输液这只手尽量少活动,以防针头脱出。”(协助病人盖被子)②“您如果在输液过程中出现发冷、发热、呼吸费力、胸闷、输液局部发红及肿胀等不适时,请按铃。同时,我们会经常来看您,请放心。谢谢您的配合!”

三、护理健康教育

随着医学模式和健康观念的转变,人们对健康的需求已不仅仅停留在维持生命和没有病痛的水平上,而是需要不断地保持和促进健康。在护理工作中,健康教育被作为一种治疗手段列入护理,成为护理活动的重要组成部分。

(一)健康教育的概念

健康教育是一门研究传播保健知识和技术,影响、干预个体和群体的行为,消除危害健康因素,预防疾病,促进健康的科学。它是以全体人民为对象,通过生理的、心

理的、社会的以及与健康密切相关的知识教育,改变不利于健康的各种行为习惯,建立科学的生活方式。它包含了以下几方面的含义:

第一,以医院或社区卫生服务机构为基地,以全体人民特别是病人及其家属为对象,通过有计划、有目标的教育过程,使病人了解增进健康的知识,改变病人不利于健康的行为,使病人的行为向有利于康复的方向发展。

第二,是在一个理论及教育框架下指导人们更好地自我护理和保健的过程。

第三,目的是使健康者保持健康、患病者恢复健康、伤残者最大限度的功能恢复及临终者得以安宁死亡的一种获取相关疾病康复及预防知识的教育工作。

(二)护理健康教育的概念

护理健康教育是指以通过护理人员有计划、有目的、有评价的教育活动,通过护理的干预手段,促使人们自觉地采用健康的行为,改善、维持和促进个体的健康。其通常包括三种含义:一是强调健康教育是教和学的统一,要达到好的健康教育效果,需要护患双方的配合和努力;二是突出学习者在护士指导下自我决定将采取怎样的行为;三是关注健康行为的改变。

(三)护理健康教育的内容

病人健康教育是指以医院为基地,以病人和家属为对象,通过护理人员有计划、有目的教育过程,使病人了解和增长健康知识,使其行为向有利于健康的方向发展。主要包括门诊教育、住院教育、出院后教育和社区教育四方面的内容。

1. 门诊教育

门诊教育是指针对病人及其家属在门诊治疗过程中进行的健康教育,常包括候诊教育、随诊教育、门诊咨询教育和健康教育处方。由于门诊病人停留时间短、变动大、病种多,难以进行系统教育。所以,门诊教育主要侧重于普遍性、一般性的宣教。护理人员应根据病人、疾病、地域、季节等的不同特点进行常见病、多发病的防治教育。可以采取多样化的方式,如口头讲解、教育手册、广播、宣传栏、闭路电视、电子屏等,但内容一般力求精练、新颖、实用。

2. 住院教育

住院教育是指对住院病人及其家属进行的健康教育,是医院护理健康教育的重点。为提高教育的效果,住院教育应根据病人不同时期的住院特点开展全程分期健康教育。全程教育是指从入院到出院全过程的系统教育,分期教育指病人在入院、住院、手术前、手术后和出院时进行的阶段性教育。

(1)入院教育。是在病人入院时对病人及其家属所进行的教育。其目的在于使住院病人积极调整心理状态,尽快适应医院环境,从而配合治疗和护理,促进身心康复。主要内容包括病区环境、医护人员介绍、医院的各项规章制度等。

(2)住院教育。指病人住院期间的健康教育。健康教育的内容应根据病人的需求和治疗特点选择,常见的内容有:①疾病概述,包括疾病的起因、明确的发病机制、症状体征、常见并发症及预防方法等。②诊断性检查,包括各种检查的原因、主要步骤、配合方法、常见并发症及注意事项等。③治疗护理的配合,包括饮食配合,药物治疗,物理治疗(活动的恢复、功能锻炼),常见护理手段的作用、方法、配合及注意事项等。在不同的阶段应给予不同的教育内容,教育应由浅入深、循序渐进。

(3)手术前教育。是指对择期手术病人术前进行的健康教育。主要内容包括知识灌输、行为训练和心理护理三方面。知识灌输重点是与麻醉和手术相关的知识要点,如解释术前需要进行的准备事项及意义,备皮、戒烟、禁食、胃肠道手术的灌肠等;行为训练主要是为适应手术和预防术后并发症而进行的训练,如有效咳嗽训练、深呼吸训练、床上排便等;心理护理重在倾听病人心中的疑虑,鼓励其树立信心。

(4)手术后教育。是指对已完成手术的病人进行的健康教育。主要包括术后麻醉苏醒的过程,术后活动恢复的方式和注意事项,留置各种引流管的意义和注意事项,饮食的恢复方法和配合,常见并发症的表现、预防方法和护理等。

(5)出院教育。是指在病人出院时所进行的教育。教育的目的主要是提高病人自我保健或自我护理能力,促进机体康复。主要内容包括疗效介绍、病情现状、巩固疗效、预防疾病复发的注意事项、正确用药、饮食、活动、休息、睡眠、复查、随诊的一般知识等。

3.出院后教育

出院后教育是指对已经出院的病人进行的健康教育。主要是针对一些特殊病种的随访教育,如瘫痪病人、肿瘤病人、慢性病病人等。主要内容包括疾病的治疗进展、药物应用、家庭护理方法、常见并发症如压疮的护理等。

4.社区教育

社区教育是指以社区为单位,以促进该社区居民健康为目的的教育。主要内容可针对一般疾病的预防、计划生育、预防接种、妇幼保健、疾病普查等进行,也可向群众介绍医院特色,服务范围,开展健康咨询的项目、方式等。

(四)在护理健康教育中进行有效沟通的基本方法

1.语言教育法

又称口头教育方法,即通过语言的交流与沟通,增加受教育者对健康知识的认识,常用的有讲授法、谈话法、咨询法、座谈法等。语言教育方法的特点是简便易行,一般不受客观条件限制,随时随地都可以进行,具有较大的灵活性。

2.文字教育法

通过一定的文字传播媒介并借助受教育者的阅读能力来达到目标的一种方法,如读书指导法、标语法、传单法、墙报法等。其特点是不受时间和空间条件的限制,既可以针对大众进行广泛宣传,又可以针对个人进行个别宣传,而且受教育者可以对宣传内容进行反复学习,经济实惠。

3.形象教育法

利用形象艺术创作宣传材料,通过人的视觉直观作用进行教育的方法,常以图、标本、模型、摄影等形式出现。形象教育方法要求制作者有较高的绘画、摄影、制作等技能。否则,粗糙的形象会影响护理健康教育的效果。

4.实践教育法

通过指导受教育者的实践操作,达到掌握一定的健康护理技能,并用于自我、家庭或社区护理的一种教育方法。例如,指导糖尿病病人掌握自测血糖的方法、指导高血压病人掌握自测血压的方法等。

5.电化教育法

运用现代化手段,向受教育者传送教育信息的方法。如电影电视法、计算机辅助教育法、网络教育法等。电化教育的特点是将形象、文字、语言、艺术、音乐等有机地结合在一起,形式新颖,形象逼真,喜闻乐见。但对设备和人员的专业技术条件要求较高。

6.综合教育法

将口头、文字、形象、电化、实践等多种健康教育方法适当配合、综合应用的一种教育方法。例如,举办护理健康教育展览或通过电视举办知识竞赛等。综合教育法具有广泛的宣传性,适合大型的宣传活动。

(五)护理健康教育在护患沟通中的作用

1.护理健康教育是建立良好护患关系的桥梁

通过护理健康教育,护士能主动了解并掌握病人的病情及心理状况,满足病人的需求，提高病人的满意率，调动病人的主动性，使他们从生理、心理上得到慰藉，并能懂得所患疾病的发生、发展、治疗、护理、预防及康复等方面的知识，从而在相互信任的基础上建立起良好的护患关系。

2.护理健康教育使护士的自身价值得到体现

在对病人实施健康教育时，促使护士勤奋学习，掌握多学科知识，探索影响健康的因素，全面促进人们健康行为的形成，使其不仅成为执行医嘱与完成护理技术的操作者，而且成为健康教育知识的传播者，护士的自身价值得到充分体现。

3.护理健康教育有利于病人的治疗和康复

在护理健康教育中，护士用诚恳的态度、亲切的语言、丰富的知识，为病人创造良好的心理环境，增强病人战胜疾病的信心，使病人获得适合个人需要的健康知识，这样有利于疾病的治疗和康复。

（六）病人健康教育案例

冠心病病人的住院教育

【病历摘要】李某，男，46岁，大专文化，公务员。因发作性心绞痛4年，复发3天入院。诊断：冠心病、心绞痛、高脂血症。入院评估阳性资料：情绪激动后出现心前区针刺样疼痛，并向背部放射，轻度胸闷，休息后有所缓解。呈紧张面容。病人有吸烟史，每日20支左右，已24年。体重偏肥胖，平时喜吃甜食。心电图示：心肌缺血，心脏超声示左心室肥大。实验室检查示甘油三酯偏高。治疗：每天静注生理盐水100ml+刺五加100mg；口服消心痛每天3次，每次10mg，阿司匹林每天1次，每次80mg，卡托普利每天1次，每次12.5mg。一级护理，普食。

【住院教育计划】

（1）教育目标：消除紧张心理，纠正不良行为，提高病人住院适应能力。

（2）教育内容：①诱发冠心病的危险因素。②防治冠心病的5种措施，即控制体重、适量运动、戒烟、低脂饮食、放松训练。③制订戒烟计划，并督促实施。④制订控制体重计划。⑤当前所用5种药物的作用、副作用及配合治疗的要点。⑥控制情绪的方法（肌肉放松、深呼吸）。⑦一级护理卧床休息与疾病恢复的关系。

（3）教育方法：①指导阅读专科教育手册。②演示放松技巧。③推荐阅读冠心病保健书籍。

（4）护士针对病人的不良生活习惯进行的口头教育示例。

（病人刚输完液，准备休息）

护士:“李先生,您好,液体输完了,是吗?看起来您气色很好,入院后心绞痛再没有发作,是吗？”

病人:“好多了。”

护士:“我想和您聊聊有关您的一些生活习惯的问题。比如说吸烟吧,应该注意减少,然后逐渐戒掉。因为烟中尼古丁可以引起冠状动脉痉挛,诱发心绞痛或心肌梗死。饮食方面要注意少吃肥肉,多吃素食,少吃咸菜,少吃甜食。您得这个病与生活习惯有密切的关系,改变饮食习惯,可以改善血脂。另外,心绞痛发作与情绪激动、过度紧张、劳累、过饱等诱发因素也有关系。所以,您还要注意劳逸结合,调整好情绪,避免大喜大悲。”

病人:“噢,我会注意的。”

护士:“以后要注意随身携带保健盒,如果有发作情况马上舌下含服,一般都会缓解。”

病人:“我知道了,谢谢你。”

护士:“应该的,一定要按照我所说的去做。还有什么不清楚的,欢迎随时来问。我也会随时来看您的。谈了这么久,您一定累了。休息吧,明天我还会和您谈谈其他有关的问题。”

实践活动　护理工作中的人际沟通训练

训练1

【内容】

护士与病人沟通

【目的】

正确认识护士的角色,学会处理护患关系。

【准备】

1.用物准备:

(1)场地。模拟护士站(桌、椅、小记事本),诊察室(诊断床、椅子)。

(2)道具。注射盘(皮肤消毒液、棉签、砂轮、弯盘、起瓶器、止血带、小垫枕等)、注射器、处方、笔。

2.环境准备。整洁、安静,温度适宜。

3.学生准备:

(1)护士服、护士帽、护士鞋。(要求衣帽整洁,戴口罩)

(2)课前熟悉本次实训课的内容。

(3)案例准备:

护士小王端着注射盘刚到护士站,正好看到一位术后带气管套管的病人在用医院严格管理的"精"字处方(一种专用于精神药品的处方笺)上涂涂画画,护士小王与护理工作经验丰富的护士小李与病人沟通采取了两种不同的方式。

【方法与过程】

1.教师首先对案例内容进行分析讲解,然后将同学分成若干小组,每组4~6人。

2.以小组为单位分角色扮演所提示的场景,注意与病人的语言和非语言沟通。

3.在小组内谈一谈扮演某一角色的体会,观察者对本组的表现进行总结,开展组际交流。

4.角色分配:病人、护士小李、护士小王。

5.实践场景:

小王(出于对处方管理的责任感,小王没有来得及向病人做详细解释,急忙将病人手中的处方拿走)。

病人(情绪激动大声吵闹,甚至辱骂小王)。

小李见状,连忙推开小王,耐心而礼貌地说:"对不起,请您不要着急,您有什么问题我们一定尽力帮助解决。"

病人(显然被激怒了,含糊不清)说:"处方不是我自己拿的,是门诊的一位医生来科室会诊时遗留了几张,我用它写字又有什么关系?"

小李(把病人带到诊察室,示意病人坐下)说:"我很理解你的心情。"(稍微停顿了一会儿,见病人已经安静下来)继续说道:"但是,您可能还不知道,医院对处方的使用有严格的要求,尤其是"精"字处方是不能作其他的用途……"

病人(小声嘀咕):"我现在做了手术后暂时不能讲话,只能写字,而原来买的写字板又太大,不方便随身携带。"

小李连忙接过话头:"是我们工作做得不细,没有考虑到您的困难,请您谅解。现在,我给您拿我们自制的小本子,便于您随时使用。"(说完马上到护士办公室拿了一本专供病人使用的小本子递给病人)。

病人(情绪好转):"谢谢你帮我解决了实际困难,刚才我的态度不好,讲了一些不该讲的话,希望你们不要放在心上。"

小李(会心一笑):"没关系,只要您能够满意,我们就放心了。以后您如有什么困难,请随时告之,我们一定会尽力帮助您的。"

病人:"好！再次谢谢你。"

【小结】

病人因气管切开,暂时存在语言交流障碍,护士小王虽然从管理的角度,对病人私用医院处方进行收回。但是,小王没有换位思考,没有做好解释工作,强行收回,沟通失败。护士小李站在理解和体谅病人的立场,及时发现了护士小王未能发现的问题,化解了护患矛盾。

训练2

【内容】

护士与护士沟通。

【目的】

通过训练,提高不同知识水平、不同经历、不同职责护士之间的相互沟通、相互协调能力,摆正角色位置,做到相互尊重、相互理解和相互支持,避免发生矛盾和冲突。

【准备】

1.用物准备:

(1)场地。模拟病房、模拟治疗室。

(2)道具。输液架、输液器、输液卡、输液贴。

2.环境准备。整洁、安静,温度适宜。

3.学生准备:

(1)护士服、护士帽、护士鞋。(要求衣帽整洁,举止得体)

(2)课前熟悉本次实训课的内容。

(3)案例准备:

某科新调来一名护士张雪,昨天护士长已向她介绍了科室的情况并把她介绍给了大多数同事。今天是张雪第一天上班,带教的是经验丰富的邓护士。张雪走进病房微笑着与病人打招呼,主动询问他们有什么要求,凡病人提出的要求她尽量满足。她虚心向邓护士请教,凡事抢着干,给大家留下了良好的印象。上午9点,一个输环丙沙星才15分钟的病人陪床找到护士,说病人血管发红。邓护士带张雪来到病床前,看到病人沿静脉走向皮肤发红，病人主诉有痒感。张雪以为出现了输液反应刚要拔针，邓护士制止了她，同时把输液速度调慢，告诉病人别害怕，一会儿就好了。回到治疗室，邓护士耐心地对张雪进行了讲解。

【方法与过程】

1.教师首先对案例内容进行分析讲解，然后将同学分成若干小组，每组4~6人。

2.以小组为单位分角色扮演所提示的场景，注意语言和非语言的表达。

3.在小组内谈一谈扮演某一角色的体会，观察者对本组的表现进行总结，开展组际交流。

4.角色分配：病人、邓护士、张雪护士。

5.实践场景：

邓护士："小张，你刚才为什么要拔针？"

张雪："我以为病人出现了输液反应。"

邓护士："输液反应会有发热、寒战、高热等症状。这个病人不是输液反应，他输的是环丙沙星，环丙沙星的一个副作用就是反应性血管炎，反应的原因与给药速度有很大的关系，你刚才给药速度过快导致药物刺激血管，所以造成病人皮肤发红发痒。"

张雪(紧张地)："哦，我错了，会不会出现不良后果。"

邓护士："也不怪你。你刚到临床，对一切还不熟悉，刚才病人的症状经放慢给药速度就可以得到缓解。"

张雪(露出微笑)："是吗？"

邓护士："输环丙沙星时有的病人还会出现恶心、呕吐、头晕等症状，停药后症状就会消失。当然，如果病人出现输液反应或严重的过敏反应要立即停药，通知医生。"

张雪："我知道了。"

邓护士："你要尽快熟悉咱们科病人的常用药有哪些，副作用是什么，如何处理，看一看说明书，不明白的就问，我会耐心解答的。"

张雪："谢谢，我一定努力。"

邓护士："走，咱们去看看刚才的病人。"

【小结】

良好的护际关系有利于增进群体间的团结合作，提高工作效率。年轻护士张雪来到新的环境，工作积极主动，虚心向老护士学习，主动与同事沟通，关心病人，给大家留下了良好的印象。邓护士作为一名老护士,耐心讲解护理工作中出现的问题,并为新护士指出努力的方向,起到了传、帮、带的作用,建立了和谐的护际关系。

【复习思考题】

1.为什么要建立良好的护理人际关系?

2.举例说明护理人际沟通的发展趋势?

3.如果你是病人,你认为和护士有效沟通的途径有哪些?

4.治疗性沟通与一般人际沟通有哪些区别?

5.护理健康教育在护患沟通中有哪些作用?

6.在护理工作中,如何处理好与其他护士的关系?

第十二章　涉外礼仪

随着改革开放的不断深入,我国与世界各国在政治、经济、文化、科技等方面的交往越来越多。医院的对外交往日益频繁,护理工作与国际的交流也不断增多。在对外交往过程中,护理工作者如何维护自身的形象,恰当地与交往对象沟通与交流,显得越来越重要。因此,护理工作者应掌握对外交往活动中礼仪规范,了解基本的涉外礼仪知识,适应涉外护理事业的发展和需要。

第一节　涉外交往原则

一、涉外礼仪概念

涉外礼仪,是涉外交际礼仪的简称,指涉外交往中的各种惯用形式及举行各种活动和庆典仪式的规范。涉外工作关系到一个国家的利益、形象和荣誉,其政策性、政治性很强,任何单位和个人的涉外活动,都要遵循一定的涉外礼仪规范。这既是我国对外政策的要求,也是我国对外政策的体现。

二、涉外交往原则

在涉外交往中要坚持贯彻大、小国家一律平等的原则,即尊重各国的风俗习惯,不亢不卑,不强加于人;坚持从实际出发,做到礼宾安排有针对性,不讲排场,注意实效,待人接物举止文雅,热情周到。

(一)维护形象

在国际交往中,人们十分重视个人的形象,因为个人的言行、举止、表情不仅真实地体现个人修养,还代表着地区、民族、国家的形象。

(二)不卑不亢

参与国际交往时,要时刻牢记国家、民族的利益高于一切,坚决维护国家的主权和民族的尊严,言谈举止从容得体、堂堂正正、豁达开朗,对任何交往对象一视同仁、不卑不亢。

(三)信守约定

在人际交往中,应遵守"信守时间"的原则,这一点在国际交往中尤其重要。在跨国家、跨地区的人际交往中,取信于人,是奠定交往对象彼此之间良好关系的基石。信守时间,遵守约会,是取信于人的一项基本要求。

(四)入乡随俗

俗即习俗,也称风俗习惯,是指因地域、种族、历史和文化不同,各国、各地区、各民族沿袭的特殊的精神文化方面的传承,主要涉及衣、食、住、行以及交往等方面。在涉外交往中,要了解对方的风俗习惯,尊重对方特有的习俗,以增进彼此之间的理解和沟通,表达对外国友人的尊敬和友好。

(五)自信自强

在国际交往中,涉及自我评价时,要敢于自我肯定,表现出充分的自信,既不要自吹自擂,自我标榜,一味地抬高自己,也不要自我贬低,过分谦虚。

(六)女士优先

在涉外社交活动中,应遵守女士优先的原则。要求每一位成年男子,在社交场合,要尽自己的一切可能来尊重妇女、体谅妇女、帮助妇女、照顾妇女、保护妇女,还要想方设法地替妇女排忧解难。

(七)尊重隐私

在言谈话语中,应遵守"维护个人隐私"的原则。个人隐私,泛指个人不想告诉他人或不愿对外公开的个人情况。在许多国家里,个人隐私受到法律的保护。因此,在与国际友人交往时,应有意回避关于个人隐私的问题,如收入支出、年龄大小、恋爱婚姻等。

(八)以右为尊

所谓以右为尊,即在涉外交往中,一旦涉及位置排列,原则上讲究右尊左低。也就是说,右侧的位置在礼仪上总要比左侧的位置尊贵。但在佩戴勋章时例外,勋章通常佩戴于左侧的衣襟上。

(九)保护环境

在国外,一个人对待环境的态度与文明程度是一致的。人们在日常生活和工作中,应对人类生存的环境加以保护,养成良好的卫生习惯。

第二节　涉外交往的基本礼仪

一、着装礼仪

在国际交往中,涉外人员所接触的场合,大体上可分为三类,即公务场合、社交场合、休闲场合。在这三类不同的场合中,涉外人员穿着的服装,在款式、面料和色彩等方面也有所不同。

(一)公务场合着装礼仪

公务场合着装应重点突出"庄重得体"的风格。按照常规,我国涉外人员公务场合的着装主要是套装、套裙或制服。女士宜身着单一色彩的西服套裙,内穿白色衬衫,脚穿肉色长筒丝袜和黑色高跟皮鞋。男士宜身着藏蓝色或灰色的西服套装,内穿白色衬衫,脚穿深色袜子、黑皮鞋。穿西装套装时,务必打领带。

(二)社交场合着装礼仪

在出席宴会、观看演出、参加舞会等社交场合时,按照常规,主要穿着时装、礼服或具有民族特色的服装等,不要穿制服或便装。着装应重点突出"时尚个性"的风格,尽可能使衣着时尚一些,充分地体现与众不同的个性特点。

(三)休闲场合着装礼仪

在居家休息、健身运动、游览观光、街市漫步、商场购物等休闲场合中,着装应重点突出"舒适自然"的风格。我国的涉外人员在休闲场合的着装,常穿运动装、T恤衫、牛仔装、夹克衫等。

二、宴会礼仪

宴会,指请人赴宴的聚会,是人们联络感情、交流信息、增进友谊、发展自身的一种重要的礼仪活动,是国内外人们社会交往中常见的一种礼仪活动。因此,宴会的主宾双方都应该遵守宴会的礼仪规范。如果在宴会中礼仪失当,不仅会贻笑大方,损害个人形象,还会影响正常的社会交往和友好合作。

(一)宴请礼仪

1.宴请地点

宴请地点最好选择在客人下榻地以外的饭店,因为他们把所住的宾馆看成是自己"临时的家",在"自己家里"宴请自己是不合适的。

2.宴会标准

要按照宾客身份,根据外事接待的礼遇和规格确定标准,按照外宾所属国文化传统及民族习惯确定菜肴种类。

3.准备工作

宴请前,准备宴会请柬、讲话稿、安排迎宾事宜,考虑如何照料、陪伴,确定服务员、服务规格,确定餐具、酒水和菜肴道数及宴会后的送别等。

(二)赴宴礼仪

1.衣着整洁

一般参加西式宴请,男士可穿西服、打领带,女士可穿西装套裙,且饰以淡妆。端庄整洁的仪表是对主人和宾客的礼貌表示。

2.按时参加

准时赴宴,不要过早到达,也不要迟到。若有事情耽搁,应事先告知对方,以免由于主人和其他宾客等候过久而引起不愉快。

3.按规定入座

宴会座次是非常讲究的。就座时可随服务人员引导入座或看清餐桌上的座位卡和自己的名字入座,不可随意乱坐。入座时,应请年长者、身份高者和女士优先。

(三)西餐礼仪

1.座位的排序

西餐桌次的高低依距主桌远近而定,右为高,左为低,桌数多时应摆放桌次牌。客人席位的高低,一是依距主人座位远近而定,右高左低,男女交叉;二是以女主人座位为准,主宾坐在女主人右首,主宾夫人坐在男主人右首;三是排列席位时,应按照面门为上,女士优先,以右为尊,距离定位,交叉排列的规则。

2.餐巾的使用

入座后打开餐巾铺放在两腿上(不是别在领口),如果有事暂时离开时,应将餐巾折好放在自己所坐的椅面上。如果将餐巾放在桌上,则意味着自己已经吃好。餐巾内面可用来擦嘴,但不可用它擦桌子或餐具。

3.餐具的使用

西餐餐具有刀、叉、匙、盘、杯等，吃不同的菜，要用不同的刀叉。吃西餐时，应右手握刀，左手持叉。先用刀将食物切成小块，再用叉将食物送入嘴里。正餐中刀叉的数目与上菜的道数相等，并按上菜的顺序由外至内排列，刀口向内。取用刀叉时，也应按照由外至内排列，吃一道菜，换一套刀叉。暂时离席时，刀叉应交叉摆放或摆成“八”字形，以示尚未吃完。若已经吃好，应将刀叉并排放置于盘上。

4.西餐的吃法

西餐习惯上菜的顺序是冷盘、汤、热菜，然后是甜食和水果。一般情况下，要等同桌人的菜全部上齐后，才能开始吃。面包应在上汤后食用，每次掰一小块，用刀抹上黄油或果酱，送入口中，不能用手整个拿着吃或用叉子叉着吃。吃鱼时不可翻身，要吃完一面后，用刀叉把鱼骨剔掉后再吃另一面。鱼刺、鸡骨应用左手掩口吐于叉子上，放于盘中。用手去剔鱼刺、鸡骨或吐于桌上都是不礼貌的。吃其他食物或水果，也要用刀先切成小块，以叉取食。

(四)饮用咖啡礼仪

饮咖啡是一种文化，必须注重礼节，才能体现出一个人的品位与高雅。在国外，一般认为自制咖啡档次较高，速溶的咖啡节省时间。饮用咖啡时可加入牛奶和糖，称为牛奶咖啡；可以不加牛奶和糖，称为清咖啡。

给咖啡加糖时，如果是砂塘，可用汤匙舀取，直接加入杯内；如是方糖，则应先用糖夹子把方糖夹在咖啡碟的近身一侧，再用汤匙把方糖夹在杯子里。匙是用来搅拌咖啡的，在用匙把咖啡搅匀以后，应把咖啡汤匙取出放在咖啡盘中，以不妨碍喝咖啡为原则。不能让匙留在杯子里就端起杯子喝，这样不仅不雅观，而且很容易使咖啡杯泼翻。切不能用咖啡匙来喝咖啡。饮咖啡时，应用右手的拇指和食指握住杯耳，左手轻托杯盘，慢慢将杯移近嘴边轻啜，不可满把握杯，大口吞咽，也不要俯首就杯而饮。饮咖啡时，一定不要发出声响。饮咖啡吃点心，不要一手拿点心、一手持杯，吃一口、喝一口地交替进行，而应在饮咖啡后放下咖啡杯，才可吃点心。

温馨提示：

1.进餐时，身体不要紧靠椅背或紧贴餐桌，也不要将胳膊放在桌子上。

2.进餐中，不能随意脱下上衣、松开领带或挽起袖子。

3.用餐速度不宜过快，饮酒时不要一饮而尽。

4.不要高声评价菜肴好坏，不应站起身来取菜，不能用自己的餐具从大盘中取菜或为别人劝菜。

5.用餐期间不要吸烟，不能用餐时对着别人指指点点。

三、馈赠礼仪

(一)礼品选择礼仪

礼品是传递友情或表达敬意的重要媒介，是沟通双方感情的桥梁。因此，礼品的选择必须要特别重视。

1.体现礼品的民族性

向外国友人赠送具有中国民族特色的东西是最受欢迎的，可以选择中国的风筝、书画、丝织品，以及民间工艺品如剪纸、杨柳青年画等。

2.明确礼品的针对性

挑选礼品时应当因人、因事而异。因人而异，指的是赠送的礼品必须符合受礼者的身份、性格、品味、爱好和习惯，如给酷爱中国书法艺术的外国友人送一幅书法作品，他(她)会很喜欢；因事而异，则是指在不同的情况下，赠送的礼品应有所不同，如2001年上海“APEC”(亚太经贸合作组织)会议上，江泽民总书记送给与会的各国领导人的服装是“唐装”，它既具有中国特色，又与本次会议有联系。

3.重视礼品的差异性

向外国友人赠送礼品时，要考虑对方的风俗习惯，主动回避可能存在的“择礼六忌”。一是与礼品品种有关的禁忌，如法国等许多西方国家的人忌讳送菊花，拉丁美洲人忌讳送刀剑和手帕；二是与礼品形状有关的禁忌，沙特阿拉伯人忌讳“十”字形、六角星形状的礼品；三是与礼品色彩有关的禁忌，如红色和茶色被菲律宾人视为不祥之色，白色备受珍爱，印度人却忌讳白色；四是与礼品图案有关的禁忌，如阿拉伯人忌讳动物图案，特别是有猪等动物图案的礼品；五是与礼品包装有关的禁忌，如日本人包装礼品时，不能扎蝴蝶结；六是与礼品数目有关的禁忌，如西方人忌讳“1”，日本、朝鲜人忌讳“4”等等。

(二)赠送礼仪

1.重视礼品的包装

礼品包装精美不仅显得正式、高档,而且使受赠者感到自己备受重视。因此,外国人的礼品,一定要事先进行精心的包装,外包装的色彩、图案、形状乃至缎带结法等要尊重受赠者的风俗习惯。

2.把握送礼的时机

在会见、会谈时,如果准备向主人赠送礼品,一般应当选择在起身告辞时;向交往对象道喜、祝贺时,如拟向对方赠送礼品,通常应当在双方见面之初相赠。出席宴会时,向主人赠送礼品,可在起身辞行时进行,也可选择餐后吃水果之时。为专门的接待人员、工作人员准备的礼品,一般在抵达当地后,尽早赠送给对方。作为东道主接待外国来宾时,如欲赠送一些礼品,可在来宾向自己赠送礼品之后进行回赠,也可在来宾临行的前一天,在前往其下榻之处进行探访时相赠。

3.区分送礼的途径

一般情况下,送给外国友人的礼品,由送礼人亲自当面交给受礼人,亦可专程派遣礼宾人员前往转交,或者通过外交渠道转送,如果有必要,礼品也可以提前送达受礼人的手中。在委托他人转送给外国人礼品时,应附上送礼人的名片,名片可以放在礼品盒内,也可以放在一枚写有受礼人姓名的信封里,然后将这枚信封固定在礼品的外包装之上。尽量不要采用邮寄的途径向外国友人赠送礼品。

(三)受礼品礼仪

1.欣然接受

当外国友人向自己赠送礼品时,一般应当落落大方、高高兴兴地接受下来,不要跟对方推来让去,过分地客套。接受礼品时,应当起身站立,面带微笑,用双手接过礼品,然后与对方握手,并且郑重其事地向对方道谢。

2.启封赞赏

在许多西方国家,受赠者接受礼品时,通常当着送礼人的面,立即拆启礼品的包装,并认真地对礼品进行欣赏,适当地赞赏几句。如果接受礼品后不当场启封,或者暂且将礼品放在一旁,都是非常失礼的表现。

3.拒绝有方

如果不能接受外方赠送的礼品,应当即向对方说明原因,并且将礼品当场退还。

有外人在时，不宜这么做。若对方并无恶意，在退还或拒收礼品时，须向对方表示感谢。

4.事后再谢

接受外方人员赠送的礼品后，尤其接受了对方所赠送的较贵重的礼品后一周之内应写信或打电话给赠礼人，向对方正式致谢。

【复习思考题】

1.涉外交往通用的原则有哪些？

2.涉外交往的着装礼仪有哪些？

3.涉外交往的餐饮礼仪有哪些？

4.涉外交往的馈赠礼仪有哪些？

5.举例说明世界主要国家的礼仪习俗？

6.举例说明我国主要的宗教礼仪习俗？

附录(Appendix)

附录1 护士执业注册的相关规定

护士执业应经执业注册取得《护士执业证书》,未经执业注册取得《护士执业证书》者,不得从事诊疗技术规范规定的护理活动。护士执业注册申请,应当自通过护士执业资格考试之日起3年内提出,执业注册有效期为5年。

(一)申请护士执业注册

1.健康标准:①无精神病史;②无色盲、色弱、双耳听力障碍;③无影响履行护理职责的疾病、残疾或者功能障碍。

2.提交材料:①护士执业注册申请审核表;②申请人身份证明;③申请人学历证书及专业学习中的临床实习证明;④护士执业资格考试成绩合格证明;⑤省、自治区、直辖市人民政府卫生行政部门指定的医疗机构出具的申请人6个月内健康体检证明;⑥医疗卫生机构拟聘用的相关材料;⑦逾期提出申请的,还应当提交在省、自治区、直辖市人民政府卫生行政部门规定的教学、综合医院接受3个月临床护理培训并考核合格的证明。

(二)申请延续注册

护士执业注册有效期届满需要继续执业的,应当在有效期届满前30日,向原注册部门申请延续注册。医疗卫生机构可以为本机构聘用的护士集体申请办理护士执业注册和延续注册。

1.提交材料:①护士延续注册申请审核表;②申请人的《护士执业证书》;③省、自治区、直辖市人民政府卫生行政部门指定的医疗机构出具的申请人6个月内健康体检证明。

2.不予延续注册:①不符合健康标准的;②被处暂停执业活动处罚期限未满的。

(三)重新申请注册

有下列情形之一的,拟在医疗卫生机构执业时,应当重新申请注册:注册有效期届满未延续注册的;受吊销《护士执业证书》处罚,自吊销之日起满2年的。

重新申请注册的,除规定提交材料;中断护理执业活动超过3年的,还应当提交在省、自治区、直辖市人民政府卫生行政部门规定的教学、综合医院接受3个月临床护理培训并考核合格的证明。

(四)变更执业地点

护士在其执业注册有效期内变更执业地点的,应当向拟执业地注册主管部门报告,并提交下列材料:护士变更注册申请审核表;申请人的《护士执业证书》。注册部门应当自受理之日起7个工作日内为其办理变更手续。护士跨省、自治区、直辖市变更执业地点的,收到报告的注册部门还应当向其原执业地注册部门通报。

(五)注销执业注册

护士执业注册后有下列情形之一的,原注册部门办理注销执业注册:注册有效期届满未延续注册;受吊销《护士执业证书》处罚;护士死亡或者丧失民事行为能力。

附录2　护士执业注册应具备的条件

1.具有完全民事行为能力。

2.在中等职业学校、高等学校完成国务院教育主管部门和国务院卫生主管部门规定的普通全日制3年以上的护理、助产专业课程学习,包括在教学、综合医院完成8个月以上临床实习,并取得相应学历证书。

3.通过国务院卫生主管部门组织的护士执业资格考试。

4.符合国务院卫生主管部门规定的健康标准。

附录3　护士执业中的法律责任

护士在执业活动中有下列情形之一的，由县级以上地方人民政府卫生主管部门依据职责分工责令改正，给予警告；情节严重的，暂停其6个月以上1年以下执业活动，直至由原发证部门吊销其护士执业证书。

1.发现患者病情危急未立即通知医师的。

2.发现医嘱违反法律、法规、规章或者诊疗技术规范的规定，未及时向开具医嘱的医师提出，也未向该医师所在科室的负责人或者医疗卫生机构负责医疗服务管理的人员报告的。

3.泄露患者隐私的。

4.发生自然灾害、公共卫生事件等严重威胁公众生命健康的突发事件，不服从安排参加医疗救护的。

护士在执业活动中造成医疗事故的，依照医疗事故处理的有关规定承担法律责任。有三种形式:警告、暂停执业活动和吊销其护士执业证书。护士被吊销执业证书的，自执业证书被吊销之日起2年内不得申请执业注册。同时所受到的行政处罚、处分的情况将被记入护士执业不良记录。(护士执业不良记录包括护士因违反护士条例以及其他卫生管理法规或者诊疗技术规范的规定受到行政处罚、处分的情况等内容。)

附录4　护士执业中的伦理具体原则

主要包括:自主原则、不伤害原则、公正原则和行善原则。

1.自主原则。尊重病人自己做决定的权利，只适用于能做出理性决定的人。在自主原则中，最能代表尊重病人自主的方式是“知情同意”。

2.不伤害原则。不给病人带来本来完全可以避免的肉体和精神上的痛苦、损伤、疾病甚至死亡。不伤害原则不是一个绝对的原则，是权衡利害的原则，是双重影响的原则。双重影响是指一个行动的结果产生一有害的影响，此一有害影响是间接的且事先可以预知不是恶意或故意造成，完全是为了正当的行动所产生的附带影响。

3.公正原则。基于正义与公道，以公平合理的处事态度来对待病人和有关的第三者。医疗上的公正包括平等对待病人和合理分配卫生资源。

4.行善原则。主张为病人的利益施加好处。包括不应施加伤害、应预防伤害、应去伤害、应做或促进善事4项。

附录5 护士的权利和义务

(一)权利

1.享有获得物质报酬的权利。护士执业，有按照国家有关规定获取工资报酬、享受福利待遇、参加社会保险的权利。任何单位或者个人不得克扣护士工资，降低或者取消护士福利待遇等。

2.享有安全执业的权利。护士执业，有获得与其所从事的护理工作相适应的卫生防护、医疗保健服务的权利。从事直接接触有毒、有害物质、有感染传染病危险工作的护士，有依照有关法律、行政法规的规定接受职业健康监护的权利；患职业病的，有依照有关法律、行政法规的规定获得赔偿的权利。

3.享有学习、培训的权利。护士有按照国家有关规定获得与本人业务能力和学术水平相应的专业技术职务、职称的权利；有参加专业培训、从事学术研究和交流、参加行业协会和专业学术团体的权利。

4.享有获得履行职责相关的权利。护士有获得疾病诊疗、护理相关信息的权利和其他与履行护理职责相关的权利，可以对医疗卫生机构和卫生主管部门的工作提出意见和建议。

5.享有获得表彰、奖励的权利。依据国务院有关规定，在护理工作中作出杰出贡献的护士，应当授予先进工作者荣誉称号或南丁格尔奖，受到表彰、奖励的护士享受省部级劳动模范、先进工作者待遇；对长期从事护理工作的护士应当颁发荣誉证书。

6.享有人格尊严和人身安全不受侵犯的权利。扰乱医疗秩序，阻碍护士依法开展职业活动，侮辱、威胁、殴打护士，或有其他侵犯护士合法权益行为的，由公安机关依照治安管理处罚法的规定给予处罚；构成犯罪的，依法追究刑事责任。对于医护人员的人身权利保护方面，以医疗事故为由，寻衅滋事，抢夺病历资料，扰乱医疗机构正常医疗秩序和医疗事故技术鉴定工作，依照刑法关于扰乱社会秩序罪的规定,依法追究刑事责任;尚不够刑事处罚的,依法给予治安管理处罚。

(二)义务

1.依法进行临床护理义务。护士执业,应当遵守法律、法规、规章和诊疗技术规范的规定。通过法律、法规、规章和诊疗技术规范的约束,护士履行对病人、病人家属以及社会的义务。

2.紧急救治病人的义务。护士在执业活动中,发现患者病情危急,应当立即通知医师;在紧急情况下为抢救垂危患者生命,应当先行实施必要的紧急救护。

3.正确查对、执行医嘱的义务。护士发现医嘱违反法律、法规、规章或者诊疗技术规范规定的,应当及时向开具医嘱的医师提出;必要时,应当向该医师所在科室的负责人或者医疗卫生机构负责医疗服务管理的人员报告。

4.保护病人隐私的义务。护士应当尊重、关心、爱护患者,保护患者的隐私。

5.积极参加公共卫生应急事件救护的义务。护士有义务参与公共卫生和疾病预防控制工作。发生自然灾害、公共卫生事件等严重威胁公众生命健康的突发事件,护士应当服从县级以上人民政府卫生主管部门或者所在医疗卫生机构的安排,参加医疗救护。

附录6　护士执业资格考试简介

1. 国家护士执业资格考试是评价申请护士执业资格者是否具备执业所必需的护理专业知识与工作能力的考试。考试成绩合格者,可申请护士执业注册。

2.护士执业资格考试实行国家统一考试制度。统一考试大纲,统一命题,统一合格标准。护士执业资格考试原则上每年举行一次。

3.护士执业资格考试考核内容为“专业实务”和“实践能力”两个科目。一次考试通过两个科目为考试成绩合格。

4.考试题型及题量:全部采用选择题;考试每个科目题量为120~160题。

5.具有护理、助产专业中专、大专和本科以上学历的人员,参加护士执业资格考试并成绩合格,可取得护理初级(士)专业技术资格证书。

附录7 2011年护士执业资格考试大纲变化

2011年护士执业资格考试大纲内容有七大变化：

1.一变：考试内容编排形式由学科到系统。

由原来的内、外、妇、儿、护基五门学科变成现在的基础护理知识和技能、循环系统疾病病人的护理、传染科病人疾病的护理等，共21章内容。

2.二变：考试涉及学科由专科到全能(加重人文)。

新增6门考试内容：精神障碍病人的护理、生命发展保健、中医基础知识、护理管理、护理伦理与护理法规、人际沟通。

3.三变：考试形式立体整合。

由原来的四门考试内容整合为两门，即专业实务和专业实践。

4.四变：考试题型临床病例题分量增大。

A1型题占20%、A2型题（临床病例题）占60%、A3/A4型题（临床病例题）占20%。

5.五变：增加护理问题和健康教育(重预防、近临床)。

6.六变：增加和删除，增加了新的疾病种类，删除了总论部分的内容。

7.七变：考试大纲的形式改变，抽象化考试内容灵活。

主要参考书目

[1]刘经蕾.实用护理人际关系与沟通.太原:山西科学技术出版社,2006.
[2]朱红.实用临床护理美学.太原:山西科学技术出版社,2006.
[3]朱红.实用心理护理技术.太原:山西科学技术出版社,2006.
[4]吴先娥.护理美学.北京:高等教育出版社,2004.
[5]李继平.护理人际关系与沟通教程.北京:北京科学技术出版社,2003.
[6]王斌.人际沟通.北京:人民卫生出版社,2004.
[7]郭常安.护理沟通艺术.杭州:浙江科学技术出版社,2002.
[8]蒋继国.护理心理学.北京:人民卫生出版社,2004.
[9]史瑞芬.护理人际学.北京:人民军医出版社,2003.
[10]杨辉.当代护士的语言与技巧.太原:山西科学技术出版社,2001.